"智趣"育人
——从理念探索到课程规划

徐铭侃 著

·广州·

图书在版编目（CIP）数据

"智趣"育人：从理念探索到课程规划/徐铭侃著.—广州：华南理工大学出版社，2020.11

ISBN 978-7-5623-6509-9

Ⅰ.①智… Ⅱ.①徐… Ⅲ.①小学教育-教育研究 Ⅳ.① G622.0

中国版本图书馆 CIP 数据核字（2020）第 206385 号

"Zhiqu" Yuren——Cong Linian Tansuo Dao Kecheng Guihua

"智趣"育人——从理念探索到课程规划

徐铭侃　著

出 版 人：卢家明
出版发行：华南理工大学出版社
　　　　　（广州五山华南理工大学17号楼，邮编510640）
　　　　　http://www.scutpress.com.cn　E-mail: scutc13@scut.edu.cn
　　　　　营销部电话：020-87113487　87111048（传真）
责任编辑：黄冰莹
责任校对：刘惠林
印 刷 者：广州市新怡印务股份有限公司
开　　本：787 mm×960 mm　1/16　印张：11.5　字数：217千
版　　次：2020年11月第1版　2020年11月第1次印刷
定　　价：38.00元

版权所有　盗版必究　　印装差错　负责调换

序

  不久前，徐铭侃校长跟我说，他正在写一本关于智趣教育的书稿，并提出请我为这本书写序言的要求。我愉快地答应了他，同时也对即将完成的书稿充满期待。

  中山市实验小学有60多年的办学历史，早在20世纪90年代，学校就积极开展素质教育的改革与探索。以老校长李英贤、吴佩芳为代表的领导班子有很强烈的学校发展意识，主动加入高水平教育研究学术组织，积极参与国家级课题研究，带领老师们开展了一些具有前瞻性的教学改革试验，并取得了丰富的研究与实践成果。2012年，学校在筹备建校55周年纪念活动时，提出了用一种特定概念描述学校办学特色的想法，并为此举行了几次座谈和研讨活动。我有幸应邀参与，并通过这些活动进一步了解了中山市实验小学的办学理念、改革实践和主要的办学特色。对学校提出的智趣教育理念，我在总体认可的基础上，也提出了一些个人的看法供学校参考。随后，学校申请了市级立项课题"智趣教育特色办学理念的构建与实践"，开展了深入的理论研究和扎实的实践探索。三年后，该课题的研究成果得到各方肯定，获得了市级教学成果一等奖。

  2015年，中山市实验小学领导班子换届，徐铭侃校长开始主持学校工作。我应邀参加了两任校长的交接仪式。徐校长在就职讲话中提到："智趣教育是推动学校发展进步的重要理念，符合学校传统、现实和发展需求，是实验小学领导班子和广大师生集体智慧的结晶。新一届领导班子将继续努力，推动深化智趣教育的相关研究与实践。"徐校长的这番话让我深受感动，新任校长如此尊重、珍惜学校精神文化传承和办学特色积淀，让我对智趣教育的未来寄予了更多的期望。

  2015年以来，徐铭侃校长带领实验小学领导班子、科研骨干和教师团队，开展了深化智趣教育的系列研究。我或通过受邀出席实验小学的课题活动，或通过在其他学术活动中听取徐校长的介绍，不断了解到更多关于智趣教育的新进步、新发展。最近，在认真阅读了徐校长的书稿之后，我对智趣教育及其发展历程有了更全面、更深入的理解。

  《"智趣"育人——从理念探索到课程规划》一书体现了智趣教育的整体发展与局部突破的系统性。这本书以中山市实验小学为样本，系统地介绍了学校"智趣"育人办学理念的缘起、萌发、论证和构建的过程，具体地呈现了办学理念在实践中试行、推广、发展和深化的过程。过程所涉及的领域、阶段等，要素完整、层次分明、线索清晰，主次轻重、远近缓急关系处理得当。要素间的因果关系把握准确，分析到位，各领域、各阶段的发展不仅服从、服务于学校的整体发展，也能有力地促进其他领域、其他阶段的发展，整个过程构成了一个结构化的系统。

《"智趣"育人——从理念探索到课程规划》设计了一条观察智趣教育的合适路径，能引起学校管理者的思考，使他们主动、深刻地理解学校各个领域工作发展的内在逻辑；突出了中山市实验小学的办学理念与教育实践的统一性。智趣教育的办学理念来自于学校的历史传承和文化积淀，形成于学校的现实基础和发展需求，完善于科学论证和精准表达。在智趣教育的办学理念指导下，学校开展了"学生发展培养目标研究""学校发展规划研究""学校课程规划研究"等活动，使办学理念深入、扎实地落实到教育实践行动中，直观、具体地表现了师生发展成效。

《"智趣"育人——从理念探索到课程规划》所蕴含的客观精神、务实态度，是值得其他学校借鉴和学习的。本书体现了教育科学规范与自主创新的协调性。相对于部分学校存在的"理念与行动两张皮""目标与成效不对称"等办学问题，中山市实验小学在办学上则实现了理念与实践相互支持，目标与成效相互印证。在开展智趣教育改革实践中，始终坚持正确的办学方向，遵守教育政策法规，落实学校管理责任，规范各类办学行为。同时，也充分利用政策、师资、资源等方面的有利条件，提出符合办学实际的目标，实施开拓创新战略，取得了富有特色的成果。

多年来，中山市教育和体育局高度重视基础教育学校的校长队伍建设工作，建立了规范的校长队伍管理和有效的校长专业培训机制，培养和造就了一批优秀的基层学校校长，并且通过他们的引领与推动，学校不断进步、不断发展，整体提升了中山市基础教育教学质量。智趣教育就是在这种机制下成功打造的一个学校办学特色的样本。在热烈祝贺智趣教育取得阶段性成果的同时，我也衷心祝愿智趣教育保持生机与活力，不断实现自我完善和深化发展，创造新的改革成果和办学业绩！

高 科

中山市教师进修学院院长

2020年8月20日

前　言

发展是学校工作的第一要务。校长作为学校改革发展的带头人，担负着引领学校和教师发展、促进学生全面发展与个性发展的重任。教育部于2013年2月印发了《义务教育学校校长专业标准》，其基本内容分为六大领域：规划学校发展、营造育人文化、领导课程教学、引领教师成长、优化内部管理、调适外部环境，要求校长不断提高与完善这六个方面的能力。这六个方面有着复杂的内在联系，彼此之间相互促进，也相互影响。只有努力探索出一条清晰的思路，才能真正使这六个方面的能力凝聚、融合为校长的综合能力，真正落实引领发展的责任。

形成科学的办学理念，是引领学校发展的前提。科学的办学理念来自于对教育方针、教育政策法规的深刻理解，来自于对教育改革与学校管理发展趋势的合理判断，来自于对学校传统与实际的准确把握。因此，了解学校的发展历史与现实基础，剖析学校的文化内涵，是校长首先要做的一项基础性工作。科学的办学理念可以回答一系列关于实践行动的问题：我们要办一所怎样的学校？如何将其办好？学生在这样的学校里能发展成什么样？教师如何与这所学校一同成长？其中，学生发展的问题是其他所有问题的聚焦点，因为学校的根本职责是促进学生的发展。

每所学校都负有落实国家提出的义务教育培养目标的责任，同时，也要结合本校实际，形成本校的培养目标。学校培养目标是国家教育目的在特定学段的具体化，是国家义务教育培养目标在特定地区学校的"本土化"及"校本化"，是指导纲领通向教育实践的桥梁，也是学校打造办学特色的抓手。一所学校培养的人才具有某些特殊的品格和特别的气质，学校的办学特色才能真正获得广泛的认可。

当学校能够清晰地描述"我们希望培养出这样的学生"时，也就具备形成共同愿景的基础了。共同愿景可以凝聚力量，强化自主发展的意愿；可以激发思考，铺设科学发展的路径。从学校培养目标出发，基于共同发展愿景，全面系统地规划学校管理、课程教学、教师成长、学生发展、办学条件、后勤服务等方面在一定时期内的发展目标、发展途径和保障机制，是制定学校发展规划的主要内容。可以说，学校发展规划是实践学校培养目标的路线图，是学校从现实走向未来的导航仪。

学校培养目标聚焦了发展方向，学校发展规划描绘了发展路线，接下来就是行动了。课程与教学是学校所有教育行动中的主体成分，是落实教育方针的主阵地，是促进师生发展的主渠道，是学校管理的主平台，是后勤服务的主对象。有效领导学校课程与教学，要先从学校课程规划入手。

新课程推行三级课程管理。学校一级的课程管理，最为核心的是如何依据上级的课程政策和规定，因地制宜、切实有效地整体规划学校提供给学生的所有课程。对学校课程结构、课程内容、课程实施、课程管理、课程评价、课程资源等进行全面而系统的规划，是学校课程规划的主要内容。实施学校课程规划，不仅能落实学校课程管理责任，也能充分发挥整体、全面、综合的课程育人功能，为实现学校培养目标提供坚实的实践基础。实施学校课程规划，在增强学校课程对师生的适应性的同时，也为打造学校办学特色拓宽了渠道、增强了力量。

由此看来，从分析学校历史传统和现实基础的角度出发，厘清办学理念，把办学理念具体转化为学校培养目标，围绕培养目标制订学校发展规划，通过学校课程规划落实教育行动，可以成为校长落实办学责任的一种工作思路。

2012年以来，中山市实验小学正是遵循着这种工作思路，一步一个脚印地开展智趣教育的改革实践，逐步形成富有学校特质的一种发展模式。

（1）在历史传承与文化积淀中"寻根"。探寻"智趣教育"的坐标原点，回溯它从萌发、扎根到生长、壮大的历程；破译智趣教育的基因密码，解析它的思维方式和行为模式。

（2）在哲学思考与理论学习中"问道"。逐步明确智趣教育的理念内涵，深入探讨智趣教育的理论基础，反复推敲智趣教育的精练表达。

（3）在教育使命与发展责任中"聚焦"。构建智趣教育学生发展目标体系，耕耘于课程沃土，扎根于基本素养，强壮能力枝干，培育目标果实。

（4）在共同愿景与发展路径中"导航"。制订了智趣教育学校发展规划，以"学生发展"为核心，深化改革十个领域。彼此联动，相互支撑，形成深化智趣教育的合力。

（5）在课程改革与教学创新中"跋涉"。启动了智趣教育学校课程规划，构建了由基础性课程、拓展性课程和选择性课程组成的智趣教育学校课程体系。

（6）在学校进步与师生发展中"收获"。更新学校观念理念，转变学校行为模式；师德师能不断提升，师风师情气象日新；五育并举"智趣"育人，基本素养全面发展。

（7）在深入反思与憧憬未来中"展望"。坚定为党育人初心，担当立德树人使命，深化智趣教育，描绘发展蓝图，整理行装，再启征程。

徐铭侃

2020年8月14日

目 录

第一章　寻根：智趣教育的传承积淀　　1
　第一节　智趣教育的历史传承　　2
　第二节　智趣教育的文化积淀　　11

第二章　问道：智趣教育的理念构建　　19
　第一节　智趣教育的理念内涵　　20
　第二节　智趣教育的理论基础　　29
　第三节　智趣教育的理念表达　　36

第三章　聚焦：智趣教育的培养目标　　43
　第一节　从教育目的到教学目标　　44
　第二节　基于学校的培养目标　　47
　第三节　学校培养目标设计原则　　49
　第四节　智趣教育培养目标体系案例　　52
　第五节　培养目标转化为教育实践活动的案例　　64
　第六节　案例反思　　68

第四章　导航：智趣教育的学校发展规划　　73
　第一节　学校发展规划的目的与意义　　74
　第二节　学校发展规划的主要内容　　77

第三节　学校发展规划的制订方法 …………………………… 80
　　第四节　智趣教育学校发展规划案例 ………………………… 84
　　第五节　案例反思 ……………………………………………… 96

第五章　跋涉：智趣教育的学校课程规划 ……………………… 101
　　第一节　学校课程规划 ………………………………………… 102
　　第二节　学校课程规划的意义 ………………………………… 105
　　第三节　学校课程规划的原则 ………………………………… 108
　　第四节　学校课程规划的内容 ………………………………… 111
　　第五节　智趣教育学校课程规划案例 ………………………… 118
　　第六节　智趣教育学科课程规划案例 ………………………… 130
　　第七节　案例反思 ……………………………………………… 136

第六章　收获：智趣教育的实践成效 …………………………… 141
　　第一节　智趣教育下学生的发展 ……………………………… 142
　　第二节　智趣教育下教师的发展 ……………………………… 149
　　第三节　智趣教育下学校的发展 ……………………………… 155

第七章　展望：智趣教育的未来探索 …………………………… 161

参考文献 ……………………………………………………………… 169

后记 …………………………………………………………………… 171

第一章

寻根：智趣教育的传承积淀

第一节　智趣教育的历史传承

　　智趣教育是中山市实验小学对学校办学特色的一种概念化描述。它内化了学校执着追求的教育理想，落实于系统深入的教育行动，表现出特质鲜明的学校文化，外显为丰富多样的育人成果。

　　智趣教育从何而来？又将往何而去？回答这个问题，我们首先要从中山市实验小学的历史传承中探寻智趣教育的坐标原点，回溯它从萌发、扎根到生长、壮大的历程。

一、"遇见·真好"

太平路上的大榕树／依旧是枝繁叶茂／儿时的玩伴／是否在发间染上了白霜

阳光花地的智趣石／还在骄傲地挺立／昔日的同桌／或许已经远隔重洋

屈指细数／已迈入花甲之年／你能否相信／她依然青春激荡

我备好了花冠／我插上了蜡烛／来吧，朋友们／让我们一起／把祝福的歌儿唱响

　　2017年12月23日，中山市实验小学举行了隆重的庆祝建校60周年纪念大会。各方亲朋好友、新同学、老校友齐聚一堂，共同庆祝母校的华诞。张灯结彩、鼓瑟吹笙、载歌载舞，大家尽情享受这美好的时光。

　　此次校庆活动以"遇见·真好"为主题，设计了7个系列活动：

　　遇见·曾经——举办了8组图文展，全面回顾了学校办学历史和荣誉，展示了学校主要的办学特色和丰硕的业绩成果。

　　遇见·今天——摄制了建校60周年纪念形象片，生动刻画了丰富多彩的校园活动，展现了师生良好的精神风貌。

　　遇见·未来——编撰了建校60周年纪念画册，集中介绍了学校的办学理念和发展规划。

　　遇见·新知——举行了智趣教育专题研讨会，以"新时代基础教育深化改革的价值选择"为主题，邀请教育专家和全国名校校长，就学校改革与发展的主题进行了广泛而深入的讨论。

　　遇见·繁星——香港明星足球队为校庆送来祝福并与学校足球队进行了一

场训练赛，为校园足球加油鼓劲。

遇见·大家——召开了建校60周年庆祝大会，各级领导和嘉宾、校友、师生3000多人共同祝福学校华诞。教育部小学校长培训中心、清华大学附属小学等友好单位发来贺信。教育专家和名校校长现场致辞，充分肯定了学校的办学业绩和改革思路。学校领导在庆祝大会上发表了热情洋溢的讲话，深情地回顾了学校60年的发展历程。

遇见·真好——举办了庆祝建校60周年专场文艺演出，舞台流光溢彩，师生载歌载舞。一件件精美的文艺作品，生动阐释了学校的发展理念，直观展示了学校艺术教育成果，将整个校庆活动推向了高潮。

二、艰苦创业

"从1957年到1973年，莲群小学艰苦创业。历经16年，破土开荒，播种育苗，积蓄成长的力量。"

学校初建时是一所街道民办初小，名为莲群小学，坐落在老城区太平路上，校门口附近有一株很大的榕树，街坊们把这一带叫作"榕树头"。校园面积狭小，占地面积仅七八亩（1亩=666.67平方米）。一排旧瓦房做教室，一块泥土地当操场，学校设施十分简陋，办学条件较差。首任校长陈克振带领五六名老师，一砖一瓦地修筑，一草一木地培植，不仅改变着校园的荒芜，也培育着学校精神的萌芽。如果把这16年看作是学校的童年，那么这段漫长的童年岁月孕育了怎样的基因？又"孵化"出怎样的未来呢？

"能坚持，不服输，想做好！"多年以后，陈克振校长用这样一句朴素的话语总结回顾了初创学校时那段艰苦岁月的精神支柱。凭着"能坚持"的毅力，校长和老师挨家挨户走访、动员，让一个个孩子背上书包走进学堂。靠着"不服输"的意志，老师精心教学，校长细心管理，学校的教学质量一步一步升高。揣着"想做好"的理想，干部群众团结一心，老师学生目标一致，学校获得了一个又一个的成绩、一项又一项的荣誉。

三、跋涉前行

"从1973年到1981年，石岐第一职工子弟小学跋涉前行。8年探索，寻求突破，始终坚守，学校的生命线，就是质量！"

1973年，莲群小学转制为公办学校，更名为石岐第一职工子弟小学。第二年，李英贤同志接受组织任命，担任学校校长，一干就是22年，直到1996年才退休。

在李英贤校长心里，孩子们始终是排在第一位的。在一所近千名学生的学校里，她总能说出迎面而来的那个孩子是哪个年级哪个班的，对校园里的"调皮蛋""淘气包"，她更是能够直呼其名。她会跟班主任老师一起去孩子家里家访，会跟学科老师一起为学习有困难的孩子补课。当年的孩子如今都已长大成人，但他们还记得，自己曾经在李校长家里吃过饭，李校长曾到自己家里探过病……说起这些往事，李校长话语同样是那么朴素："如果不爱孩子，就不要选择做老师。"

李英贤校长很少待在自己的办公室里，在教室、走廊、操场、食堂、教师办公室这些地方总能看到她的身影。她发现不少双职工家庭的孩子早上都在学校附近的无证摊点吃早餐，存在很高的食品卫生安全风险。于是她一方面教育管理学生，让其主动拒绝光顾无证摊贩，另一方面积极争取有关部门的支持，采取有效措施解决学生的早餐问题。最终，在李校长的动员和带领下，学校办起了学生食堂。采买、烹饪、分餐、管理，校长和老师们一起干，起早贪黑，不辞辛劳，就餐学生从30人增加到300人，服务项目从早餐扩大到午餐，食堂越办越好，家长赞不绝口，得到社会的认可。李校长对这些称赞和认可还是一句简简单单的回应："'金杯银杯'，不如群众的好'口碑'。"

老教师们回忆说，那时候学校每天早上都会组织全校教师做早操，早操之后有一个简短的例会。李校长每次在会上指出工作中的一些问题，总是那么具体，"到班、到科、到学生"。她提出的建议和要求，又是那么细致，"务实、管用、接地气"。

四、崭露头角

"从1981年到1988年，中山师范附属小学崭露头角。又是一个8年，德智体美，全面培养、教育英才，学校茁壮成长。"

随着办学质量的不断提高，学校赢得了社会各界的高度关注，也迎来了更好的发展机遇。1981年，石岐第一职工子弟小学更名为中山师范附属小学，成为中山地区的一所知名学校。

20世纪70年代末恢复高考之后，应试教育的竞争压力层层传导，选好苗子、抓好培优，是学校教学管理和研究的重要主题。李校长带领毕业班的老师到周边地区的先进学校观摩取经，"偷师学艺"；跟老师们一起研究命题方向和培训计划；身先士卒，亲自为培优班的学生上指导课。中山师范附属小学小升初、重点初中升学率连续多年在全市保持领先，进一步巩固了学校在区域内的影响力和示范性。

在应试教育面前，李英贤校长能够用全面、理性、客观的态度看现象、找问题、想对策。她反复强调培优要建立在保底的基础上，要面向全体学生；反复强调要培养学生多方面的能力，不能一味追求学习成绩；反复强调德育、体育和美育不仅是提高教学质量的保障，也是学生全面发展的基础。在李校长的观念引领下，学生全面成长，教师整体育人，学校综合发展，成为全体师生、家长的共同价值追求。

五、脱颖而出

"从1988年到1997年，石岐实验小学脱颖而出。9年间，锐意改革，潜心实验，初创特色学校品牌。琴棋书画，个性发展，素质教育示范一方。"

1988年1月，经国务院批准，中山市由县级市升为地级市。中山师范附属小学也于同年更名为中山市石岐实验小学，并被列为市教育局直管小学。

乘着改革开放的春风，借着搞活经济的机遇，学校得到地方财政和社会各界的大力支持，办学条件明显改善。先后建设了两幢四层的教学楼，完善了各类功能场室，丰富了校园文化，教师待遇明显提升。同时，学校也实施了进一步提升办学品质的各项举措，赢得了一系列的教育改革先机，促进学校迈入快速发展的历史时期。

广泛物色青年才俊，积极吸纳优秀人才。除了主干学科外，学校还特别重视对信息技术、音乐、美术和体育教学人才的引进工作，为学校全面实施素质教育奠定了扎实的智力资源基础。这个时期引进的优秀教师，后来有的成为省市学术骨干，有的当选了杰出市民、全国优秀教师。学校注意后备干部的培养工作，主动争取名额选送优秀青年教师参加全市教育系统后备干部的培养，到教育发达地区进行跟岗锻炼。一批年轻教师走上了中层管理岗位，他们后来有的成为学校领导，有的被选拔到政府机关和教育行政部门任职。

全面实施素质教育，整体提升办学水平。学校配齐配足体育、艺术学科教师，完善各类专用功能场室，积极引进校外教学人才，广泛开展各类课外活动。

"男拳女舞""周身刀""实验小学的孩子们兴趣广泛、多才多艺、学风开放、学法灵活",逐渐成为社会对学校的主流评价。国际象棋、武术、合唱、吉他等进入学校课程,大面积开展普及教学,成为发展学生个性特长的重要渠道。石岐实验小学的办学经验得到教育主管部门的充分肯定,先后两次在学校举行全市、全省素质教育经验推广现场会,学校被列为全市推行素质教育的标杆学校。

深入开展教育研究,营造浓厚科研氛围。在全国各行各业倡导创新、教育创新风起云涌的时代,石岐实验小学把握住了历史机遇,争当教育创新的弄潮儿。学校与华南师范大学合作开展了小学语文"四结合"教学改革试验,率先启动了教育信息化推动学校现代化建设的新征程。一批教学骨干、教改先行者在教育技术专家指导下,创新教学设计、改革教学模式、探索信息技术辅助学科教学的途径和方法,取得了丰富的示范性成果。学校成为全国小学校长培训基地学校,教学改革的成果和经验得到广泛的宣传和推广;扎实开展国际象棋培训、数学课外活动培训、信息技术竞赛培训,小选手在市、省、国家级比赛中多次获奖,用丰硕的业绩、成果一次次擦亮学校品牌。

整体推进办学创新,创建特色品牌学校。1996年,学校加入了中国教育学会中小学整体改革专业委员会,并于次年被确立为实验基地学校,与全国各地实验学校、品牌名校展开了多种形式的合作与交流。确立了"求实、多思、进取、成才"的校训,为学校精神文化建设明确了基本的理念和思路。开展了主题为"基于现代教育技术的创新教育模式研究"整体改革实验课题,深化各学科课程与教学改革。1994年,学校被评为"广东省第一批省一级学校",跨入全省优质品牌学校的行列。

六、激情跨越

"从1997年到2017年,中山市实验小学激情跨越。20年雄关漫道真如铁。学校整体改革,端正办学思想,实施智趣教育,书写改革华章。科研兴校,内涵发展,合作办学,品牌提升,我们勇敢地拼搏在教育创新的潮头上。"

1997年9月,石岐实验小学迁至现址,与原东盛小学合并,更名为中山市实验小学。新学校地理位置优越,交通便利。经过三轮扩建之后,学校占地面积46 667平方米,是原校址面积的十余倍。

易址之初,学校的配套设施和周边基础设施还很不完善。使用临时水电系统,且常常"断供";学校未建围墙,校园安全几乎"不设防";运动场地未完成施工，一大片一人多高的草地"别有风景"；800多名随迁师生，委托市公共汽车公司开通专线校车，安全管理责任重如泰山……

时任校长吴佩芳女士主持了学校易址、合并工程，带领两校教师，团结克服过渡期遇到的各项困难，为学校实现新跨越打下了坚实的基础。吴校长跑上跑下，协调各方落实了水电市政工程，推动了围墙建设立项，催促着承建商完成运动场施工，稳妥安排了16条专线车运营方案，修整校舍，创办食堂，添置设备，新建了两幢教学楼……

吴佩芳校长一手抓建设，一手抓发展，带领中山市实验小学发扬孙中山先生提出的"敢为天下先"的探索精神，传承40年来发展所形成的精神品质，在管理机制、教育科研、课程改革、队伍建设等方面展开了持续的改革和创新，取得了优异的办学成果，使学校进入了内涵发展的快车道。

1998年至2004年，在教育主管部门指导下，学校试行了"公办民助"的办学机制，有效筹集了新校基础设施建设和设备投入所需资金，在原有两幢教学楼的基础上，又陆续新建了科学楼、两幢教学楼、图书馆和体育馆，校舍总建筑面积40 026平方米，基本完成了学校硬件环境建设的主要项目。建筑布局合理，校园环境优美，配套设施齐全，教学设备先进，具备了向现代化学校发展的基础条件。

教育技术现代化水平进一步提升。学校率先实现了光纤进校园、通教室，率先为全体教师配置了笔记本电脑。在小学语文"四结合"教学改革实验项目的基础上，进一步参与了国家级课程改革专项课题"基础教育跨越式发展创新试验研究"，实现了现代教育技术与学科课程的有效整合，取得了良好的研究成效。1998年，学校被评为全国首批"现代教育技术实验学校"。

艺术教育取得新的进步。学校充分利用优越的办学条件，大力发展艺术教育。开设了50多个艺术类课外活动小组，引进了一批优秀的艺术教师，形成了"引进一名教师，打造一种特色，形成一个亮点"的良好机制，艺术教育氛围浓厚，艺术教育成果丰富。2000年，学校被评为"全国学校艺术教育先进单位"。

科技教育高位起步，快速发展。学校精挑细选，逐步实现科学学科教师专任化，并不断优化科学教师专业结构。加大科学教学配套场室建设，努力丰富科学类课外活动项目设置。学校在全国、省、市级智能机器人挑战赛、青少年科技创新大赛中多次获得优秀成绩。2004年，学校被中国少年科学院确定为"科普基地学校"。

2006年12月，中山市实验小学承办了由中国教育学会中小学整体改革专业委员会发起的"现代学校文化建设研讨会"，来自全国各地的专家学者、知名学校校长参观了学校的办学设施并出席了体育艺术文化节活动,并给予了高度的评价。通过此次会议,学校启动了对学校文化建设的新探索,提出了"以人为本,和谐发展,文化引领,特色强校"的发展新思路。

2012年,学校在建校55周年之际,系统梳理了学校发展历史,深入讨论学校文化的主要内涵和精神特质,正式提出了"智趣教育理念的构建与实践研究"课题,该课题获得市级立项批准。

七、再启征程

"2017年,乘着十九大的春风,不忘初心,牢记使命,我们握紧学校发展的接力棒,深化智趣教育,发展核心素养,我们踏上了新征程,前进的号角已经吹响!"

2015年以来,智趣教育的研究与实践不断深入,先后完成了"核心素养导向下智趣教育学生发展目标体系建构与实践""智趣教育理念下学校课程规划的研究与实践"等综合改革课题,从学校发展规划、文化建设、课程建设、教师队伍建设等领域实施了系统的改革。智趣教育引领学校进入新的征程。

(一)智趣教育理念重建

(1)重新厘定了智趣教育的价值定位,从办学特色转变为发展模式;智趣教育不仅是对外的宣传力,更应该是对内的组织力、驱动力、领导力。

(2)重新阐释了智趣教育的理念内涵,以"启智激趣,智趣交融"为核心,以"一训三风"为表征;"求实、多思、进取、成材"的校训凝聚学校、教师和学生的价值取向,"实验为本,整体育人"的校风提炼学校的文化气质,"教得智慧,研得幸福"的教风凸显教师精神风尚,"学得快乐,玩得聪明"的学风刻画学生的成长样态。

(3)重新夯实了智趣教育的理论基础,从马克思主义哲学理论中发现科学的立场,从传统和现代教育理论中寻找正确的论据,深入分析、系统论证,让智趣教育的理念"理论可信""实践可行"。

(二)智趣教育目标聚焦

(1)确定了学校培养目标的建立原则:全面性、全体性、主体性、实践性,提出了建立学校培养目标要注意的问题:体现学校特色、定位适度超前、形成目标体系、指标清晰可测。

(2)构建了"基于学生发展基本素养的智趣教育培养目标体系",该体系概述为"三级课程为土壤，五种基本素养为根系，两个关键能力为主干，十五类发展目标为分枝，各项具体目标为果实"。

（三）智趣教育规划导航

（1）明确了研制学校发展规划的意义：实现自主管理、形成共同愿景、整合教育资源、打造办学特色。

（2）确定了新一轮发展的总体目标：全面贯彻党的教育方针，落实立德树人根本任务，坚持"实验为本，整体育人"的办学目标，遵循"质量立校、科研兴校、特色强校"的发展规律，探索"学校优质+特色，学生全面+特长，教师博学+专长"的办学模式，实施"深化智趣教育，发展核心素养"的改革战略，全面实施素质教育，着力提升教师专业发展水平和学生核心素养发展水平，为推动学校高位发展做出更大的努力。

（3）布列了十个发展领域的结构层次：一个核心领域——学生发展；三个重点领域——教师队伍、课程教学、德育工作；四个基础领域——教育科研、学校管理、文化建设、办学条件；两个辅助领域——家校互动、交流合作。

（4）提出了具体的领域发展目标，设计了推进规划目标的实施路径和保障机制。

（四）智趣教育课程深耕

（1）用教育科学研究方法深耕学校课程，开发了"智趣教育理念下学校课程规划的研究与实践"课题，完成第一阶段研究，在取得丰硕实践成果的基础上，形成了学校课程规划与实施的基本经验。

（2）构建了由基础性课程、拓展性课程和选择性课程组成的智趣教育学校课程体系，强化了课程对教育目的和培养目标的服务功能，增强了学校课程对教师专业成长、学生个性发展的适应性。

（五）智趣教育成长教师

（1）严修师德，从"上好课"开始。学校提炼出"上好课是最崇高的师德"教育主题，引导教师强化国家责任、政治责任、社会责任和教育责任。上好当下这节课，落实细节，关注每个孩子的成长，做"有仁爱之心"的好老师；上好执教这门课，刻苦钻研，不断增强专业能力，做"有扎实学识"的好老师；上好从教每节课，持之以恒，坚守职业道德规范，做"有道德情操"的好老师；上好学生"人生第一课"，为党育人，践行立德树人使命，做"有理想信念"的好老师。

（2）精炼师能，让"工作室"领跑。学校有6名省特级教师，7名国家、省、市名教师、名班主任工作室主持人。名特优教师德艺双馨，是学校教师队伍建设的宝贵资源。学校努力构建"名特优引路、工作室领跑"的教师专业发展模式,"名特优"以身示范,传承薪火,"工作室"协作互动,众行致远。"小荷杯"为青年教师铺路,"智趣杯"为骨干教师搭台,有效带动青年教师、骨干教师快速成长。学校被确定为"全市首批教师发展学校"。

(六)智趣教育再绘蓝图

(1)全面总结学校发展规划落实的成果成效,客观总结规划实施以来取得的进步和不足,系统分析新的发展阶段面临的机遇和挑战,充分调动师生、家长的参与积极性,做好研制新一轮学校发展规划的准备工作。

(2)立德树人初心不改,智趣教育续写新篇章。

2012年、2017年,学校在举行建校55周年、60周年庆祝活动之际,分别邀请了一部分退休教师归宁母校。喜相逢,看校园新颜;再聚首,忆峥嵘岁月。座谈会上,老教师们娓娓道出关于母校的一段段燃情岁月、一个个动人故事。透过这些深情讲述,我们感受到:

历史没有远去。太平路上的大榕树,一定还记得孩子们的笑声;阳光花地的小路口,还保留着老师们匆匆的身影。老教师提起当年那个"调皮娃",脸上还是挂满了无奈的笑容;刚毕业的孩子,已经开始惦记起母校食堂的炒饭味道。

历史绝非虚无。回忆中的历史可能只是一个个生动的片段,但真实的历史绝不只是一些片段。学校的精神已经融入每个人的基因,教师的奉献已经沉淀为学校永久的财富,一代又一代的孩子们,正在续写传奇、创造辉煌。

历史未曾沉寂。如果把学校的历史比作一条河,这条河不是笔直的,而是千回百转;这条河不是宁静的,有过波澜激荡。每一次转折,都能引起今天的沉思;每一回的汹涌,都能在现实中回响。

历史照亮未来。历史之所以出现"惊人的相似",是因为它有一种固执的力量。让我们用心把学校的历史珍藏起来吧,发掘蕴藏其中的精神财富和文化力量,用激情与智慧把学校的未来照亮!

第二节　智趣教育的文化积淀

学校文化，是一所学校在长期建设、发展和育人活动中所创造的具有本校特色的精神财富及物质形态，它包括学校的历史传统、文化观念、价值观念和与之相适应的行为准则等。学校文化是学校核心竞争力的基础。

学校文化推动一所学校从历史走向现实，也将带领一所学校从现实走向未来。那么，智趣教育蕴含着怎样的学校文化，智趣教育的学校文化又是如何驱动学校进步和发展的呢？对此，我们需要在中山市实验小学的文化传承中解析它的思维方式和行为模式，破译智趣教育的"基因密码"。

一、智趣教育的精神文化

经过长期的教育实践，中山实验小学的广大师生逐渐形成一些关于学校办学理念、价值追求、行为准则、人际关系等方面的共识，并将这些共识落实于具体的教育教学实践和学校生活当中，共同塑造出学校独特的形象、风气和神韵，孕育发展成为学校的精神文化。

（一）智趣教育的精神文化表现为学校建立的共同价值观

李英贤校长说过："如果不爱孩子，就不要选择做老师。"20世纪70年代的老师走街串户动员家长送孩子上学，80年代的老师起早贪黑为学生们做早、午餐，90年代的老师风雨无阻陪同孩子们搭校车，21世纪第一个10年的老师夜以继日开展教育技术课题研究，21世纪第二个10年的老师废寝忘食策划研学旅行方案……这些行为无一不是发自对学生的爱。无私地奉献爱，成为实验小学的共同价值观。爱的奉献方式或许不止一种，让学生获得的爱却总是那么温暖芬芳、仁慈宽厚。

（二）智趣教育的精神文化表现为学校凝聚的共性化精神

早期的中山市实验小学，尽管办学条件艰难、办学业绩一般，但却能做到凝心聚力、坚持不懈、砥砺前行。老校长陈克振用"能坚持，不服输，想做好"这句话概括了学校的早期精神，那是一群人、一代人的精神。这种精神被铭刻在学校的基因里，代代相传，塑造了20世纪80年代"抓质量"的骨气，增强了90年代"争标杆"的勇气，树立了21世纪初的"创特色"的志气，坚定了21世纪第二个10年"树品牌"的底气。一群人、一代人的精神被传承为一所学校的精神。

（三）智趣教育的精神文化表现为学校塑造的群体形象

学校群体形象是精神文化的外显，也是终将交由他人来感受和评价的。"中山市实验小学的孩子灵活、全面发展，后劲足""中山市实验小学的老师负责、专业、有爱心。"类似的评价在同行间流传、在社会上扩散，逐渐形成了公众对中山市实验小学师生形象的主流评价，塑造了学校的正面形象。积极的反馈信息也进一步激发了师生的荣誉感，老师们变得更负责、更专业、更有爱心，孩子们也学得更灵活，发展得更全面、更和谐，使校园里"学得快乐，玩得聪明"的学风更加浓厚。

二、智趣教育的制度文化

依靠制度治理学校，是一所学校走向规范、走向成熟的必由之路。学校的制度由谁来制定，由谁来落实？学校的制度以约束为目的，还是侧重于激励？学校的制度突出效率原则，还是更关注公平原则？经过长期的学校管理实践，对这些问题的不同立场、不同态度、不同解决方式，逐渐沉淀为学校制度建设和管理的定势，也就是学校的制度文化。

中山市实验小学60多年的办学历史，是我国基础教育学校管理不断迈向制度化、科学化、现代化的历史缩影。与大多数学校一样，早期的中山市实验小学，也经历了靠人管、靠上级管、靠经验管的成长阶段。20世纪90年代后期，学校加入了中国教育学会中小学整体改革专业委员会，并被确定为"专业委员会实验基地学校"，开始接触到现代学校制度建设与管理方面的理论和经验，逐步走上了通过制度管理提升办学质量的科学之路。

20世纪90年代末，中山市教委开始在部分直属学校推行"教师学期工作绩效评价"机制，市教委出台了相关的指导性文件，并集中一些专业人员，研制了一套评价细则，供基层学校参考使用。学校领导班子在深入学习教师评价理论、掌握文件基本精神的基础上，结合学校实际情况，分析评价细则参考样本的利弊得失，决定自主研制学校的评价方案。研制过程和最终形成的方案，体现了学校制度文化的一些基本特征：

（一）制度建设的主体：提倡共建、共治、共享

教师工作绩效测评，对象是全体教师，结果与每个人的利益直接相关。那么，每个人都应该成为评价的主体，也应该参与到评价方案的制订过程当中。领导班子提出评价方案的基本思路，委托部门负责人起草方案和细则初稿，分部门、分年级、分学科、分年龄段召开各种座谈会、意见征集会、修订会，让每一位教师的意见都能获得发表的渠道，让每一个群体的诉求都能获得讨论的机会，在沟通、对话、协商的过程中逐步形成对方案和细则的理性共识。修订完善的绩效评价方案和细则在教代会上高票数表决通过，试用二十余年以来，每年都在广泛征求意见的基础上做出适当的调整和修改，但总体框架和思路保持稳定。

制度共建让大家明白了一个基本道理：谈判，就是合理地协商。制度共建，也让大家获得了一个新的观念：沟通，才能达成彼此间的理解。每个人的诉求都值得尊重，站在对方的立场想一想，就可能发现自己的诉求并非天经地义。

（二）制度建设的目的：努力激励多数人，有效约束少数人

教师工作绩效评价的根本目的是激发教师干事创业、创优争先的工作积极性，因此，设计评价指标要坚持正面导向，着重指导教师思考"怎样做才是更好"的问题，同时也要强调负面指标，果断地指出"怎样做是不好的"。中山市实验小学设计的评价细则，分别列出每个项目指标的正面行为清单和负面行为清单，通过正面清单行为的加分与负面清单行为的扣分操作，产生评价量化结果。

在评价实践中发现，教师普遍关注正面清单，积极创造工作业绩争取加分，极少发生负面清单所列行为，绩效扣分成为每学期评价的偶发特例。由此可以看出，绩效评价指标体系坚持正面引导的方向，切实起到了鼓励多数、约束少数，激励正面、防范负面的作用。

（三）制度建设的内容：既对事，也对人，通过管事来育人

制度既要管事，也要管人。事情都是人做的，因此管事要从管人出发；人都是要做事的，管好人是管好事的前提。所以，制度的本质对象是人。制度可以"管"人，做错了事就要被"管"；只要制度是合理的，做错了事的人就要服"管"。管理的目标是希望大家做正确的事，尽量不要做错事，所以，用制度"育人"比用制度"管人"更有意义、更有价值。

《中山市实验小学教师工作绩效评价方案及实施细则》为了体现制度的育人价值、评价的导向功能，除了采取正面行为清单激励、负面行为清单约束的策略之外，还特别突出了自评与他评相结合的策略。自评指标以第一人称进行感性化描述，如关于"团结协作"的自评指标这样描述："我的成长和进步与我的团队息息相关。播种诚信和宽容，必将收获友情和关怀。在我的团队里，我为人人，人人为我。"关于"教学设计能力"的自评指标这样描述："我的职业是极富创造性的艺术，也是强调规律性的科学。掌握课程标准，理解教

材、研究学生状况，是我上好每一节课、组织好每一次活动的前提。我致力于学生学会，更希望学生会学。"这类评价指标突出了学校在教育教学工作各个方面对教师提出的发展性要求，有利于引导教师建立正确的教育价值观。

（四）制度执行的原则：评价过程可视化，公开才会有公平

学校制度建设不仅要重视制度设计工作，更要重视制度执行与落实的工作。制度"共建"，是执行和落实制度的前提，只有共建制度，才能让大家都知道制度的内容、理解制度的合理性，这样大家才能自觉执行。制度"共治"，是执行和落实制度的途径，是让制度的管理对象成为执行主体，对落实制度既负有执行责任，也负有监督责任，是学校民主管理的客观要求。

《中山市实验小学教师工作绩效评价方案及实施细则》利用信息技术手段，开发了教师工作绩效评价网络平台，实现评价过程的公开化。以公开保障公正，以公正促进公平。

教师个人绩效申报是公开的。针对哪项评价指标、实施了怎样的教育行为、取得了何种教育教学成果、提供了哪些佐证材料、申请加多少分等，个人的申报情况在校内网络平台上是公开的。个人可以查看、监督其他人的申报细节，个人的申报也同样可被其他人查看、监督。

他评过程和结果是公开的。学科（年级）组、主管部门、学校评委会等三级他评，执行主体是公开的，教师可直接与加或扣分审核人进行对话或协商。每位教师的绩效评价结果、全校的汇总情况都要公示。历年（学期）的评价过程与结果均保留于网络平台，便于检索和查询。

当然，为保护教师合法权益，妥善处置未做公开的扣分事项，绩效评价网络平台保留了一定的查询权。

三、智趣教育的行为文化

学校行为文化是指师生在教育教学活动及其他学校生活中表现出趋同的思维方式和行为模式。学校行为文化以师生对学校传统和观念的认同为内在基础，外显为学校教育教学活动的一贯作风、师生的行为规范、校内各群体的人际关系，以及学校与外部的公共关系等。

（一）事事谋创新，人人抓细节

中山市实验小学经过60多年的成长，逐渐发展为本地区实施素质教育的示范学校，发挥了较强的引领、辐射功能。学校开展的各项公开展示活动，往往能吸引本地甚至邻近地区同行的积极参与、观摩、交流，与这些活动的创意新、组织严、质量高是分不开的。学校能够敏锐地捕捉教育改革的政策新信号、理论新热点,并及时做出反应;努力在主题提炼、整体策划阶段发掘创新点、突出闪光点。

一次又一次的展示活动,既增强了整体能力、锻炼了骨干队伍,也促进了学校内部各部门、各学科努力提升各项教育教学活动的创新性、实效性和细节优化水平。中山市实验小学逐步形成了"先把事情做对,再把对的事情做好,最后还要把做好的事情推广出去"的创新思路,落实了"人人都在教育现场,个个要抓教育细节"的工作机制。

(二)人际关系重和谐,团队成长激活力

学校内部的人群大体上可分为管理干部、基层教师、学生以及后勤服务人员等,在此基础上可以进一步细分为管理干部各部门、基层教师各学科等群体。各类外部人群中对学校影响最大的是学生家长群体。学校人际关系是指上述各类群体之间交往、互动、合作、竞争的基本态度与行为模式。学校人际关系的重点领域是干群关系、师生关系、家校关系以及学校与社区或校外机构的合作关系。

中山市实验小学主动建立相应的机制,防范价值冲突、群体对立、各自为政等分化现象。学校注重从历史传统中总结经验教训,也通过制度建设主动约束防范。在科学引导建立师生员工和谐人际关系的过程中,注重抓住几对重点关系的关键:

干群关系的关键是"尊重"。群众对干部的尊重,不是来自干部所拥有的指令权、评价权,而是来自群众对干部岗位职责的理解、对干部工作作风的认同、对干部管理能力的认可。干部对群众的尊重,不应表现为"多说好话少挑毛病""多办好事常发福利""多做好人不压担子",而要体现在对教师"知情权""话语权""发展权"的尊重和维护。

师生关系的关键是"平等"。教师在师生关系中处于主导地位,学生是具有独立人格的发展主体,教师持有正确的学生观是建立平等师生关系的基础。长期以来,学校通过各种形式的教师培训,启发、引导教师科学、全面理解学生,尊重学生人格,保障学生权益,促进学生发展。

家校关系的关键是"信任"。小学教育服务的直接对象是学生,但本应为学生所拥有的对学校教育的监督、建议和评价权利,很大程度上是由学生家长行使的。学生家长因为不在教育现场、非直接体验、信息不对称等因素,对学校工作极易产生误解和怀疑。中山市实验小学长期重视家长委员会建设,坚持开展各种形式的家长培训,主动创造条件,让学生家长了解学校运作、观察学

校活动、参与学校管理，有效增进了学生家长对学校的信任。

合作关系的关键是"共赢"。无论是与社区的合作，还是与公共教育机构的合作，又或者是与热心企业的合作，中山市实验小学总是把握三条基本原则：一是为师生服务，为学校发展。二是遵法律法规，守规章制度。三是共建共进，共享共赢。社区为学校创造了良好办学环境，学校为社区提供了优质教育资源；孙中山故居、中山美术馆、法院、城市规划馆拓宽了学校的教育渠道，学校为它们延展了社会服务范畴，落实了社会责任；热心企业为学校捐资赠物、排忧纾困，学校为企业扩大社会宣传，提升公益形象。

四、智趣教育的物质文化

学校物质文化指学校创建的各种物质设施。它们不仅为学校教育教学活动提供了环境设施，也通过布局、造型、图案、色彩、内容等形式给人以感觉刺激，发挥感染、熏陶和启迪的教育功能，形成显性的学校文化。学校物质文化通常包括学校标志、学校环境和学校文化设施等。

（一）向着朝阳，起飞

中山市实验小学的校徽由字母"S"和"Y"幻化变形图案组成。早期的校徽将"S"变形为鲜红的太阳，"Y"变形为碧绿的幼苗，寓意学生在阳光下茁壮成长；后将"Y"改为并腕张开的双手，寓意学校托起明天的太阳；现正使用的校徽将"Y"变形为展翅腾飞的海鸥，并以"S"造型的太阳为背景，象征学校、师生搏击风浪，向着朝阳起飞！

（二）"学玩兼容，智趣并蓄"

学校文化环境是显性的精神，也是隐性的课程；是有形的设施，也是无声的课堂。中山市实验小学的学校生态环境优美，校园内绿树成荫、鸟语花香，小桥流水、鱼戏蛙鸣。文化环境建设总体上体现了系统化、自然化、功能化的特点，努力实现"学玩兼容，智趣并蓄"。学校生态环境和文化环境设施概括为"三园三馆三广场，两廊两厅两学堂"，具体内容如下表所示。

系列	设施名称	功能特点	课程价值
三园	沁园	四时花香飘逸，沁人心脾	亲近自然，感受生态
	趣园	绿树成荫、鸟语花香，小桥流水、鱼戏蛙鸣	发现探索，体验童趣
	静园	孔子学堂前庭，四幢教学楼围绕，植有两棵大型桂花树	静心读书，诚心向学

(续上表)

系列	设施名称	功能特点	课程价值
三馆	校史馆	按"我爱我校""我敬我师""我成我学""我展我志"四部分布展	爱校教育校本课程资源
	图书馆	约900平方米，设施齐全，开放程度高	班级阅读活动、自由阅览活动主要场所，书香校园建设核心设施
	展览馆	体艺楼夹层，约600平方米，配备专业画展设备	大型师生作品展、艺术课程社团活动场所
三广场	日光广场	中山学堂前庭，圆形广场，植有十二棵大树。地面刻写了四季、二十四节气、天干地支等	生态环保教育、传统文化教育课程资源
	月光广场	圆形广场，地面刻写了师生创作的五十六个民族、百家姓书法作品	爱国主义教育、民族团结教育、优秀传统文化教育课程资源
	星光广场	位于体艺楼前，约1000平方米，规划有"大师励我志""榜样导我行"文化墙	理想教育、文化教育、德育综合课程资源
两廊	科技廊	约1200平方米，由科学探究室、地理园、智能机器人活动室、创客中心（待建）组成	集成科技教育多个专业场所和设施，为基础性、拓展性和选择性课程提供课程资源
	艺术廊	位于架空层，开放性强，人流量大。配备专业展板	艺术课程学习、创作成果展示
两厅	明诚厅	约500平方米，可容纳约400人，厅外配备接待大堂，教学设备齐全	较大规模课堂教学研讨活动场所。适用于中小型演出活动
	明志厅	约400平方米，邻近少先队队部室，场地安排灵活，会议设备齐全	各类较大规模学生活动的场所
两学堂	中山学堂	由孙中山汉白玉雕像、孙中山精神图展、今日中山图文展三部分组成	孙中山革命精神教育、中山市情教育校本课程资源
	孔子学堂	由孔子汉白玉塑像、开放式阅读区、书法练习区三部分组成	优秀传统文化教育、书香校园建设、书法艺术课程资源

回望中山市实验小学60余年的成长历史，品味它那些经受历史洗礼、经历时间考验的文化特质，我们不难想到：

文化绝非速成。文化是历史的足迹、历史的烙印。尊重学校的历史，虔诚地仰视曾经的先贤，恭敬地追思故去的智者，才能探寻学校文化的价值。感恩学校的历史，珍惜每个人的奉献，怀念每一点的进步，才能发现学校文化的精华。

文化拒绝肤浅。文化是精神的沉淀、精神的陈酿。学校文化自内而生，从情感到态度，从态度到观念，越沉淀越深刻。学校文化向外而长，从观念到思路，从思路到行动，越外显越生动。学校文化仿佛陈年的佳酿，内敛时不动声色，外露时芬芳扑面。

文化亦非万能。文化因潜在而固执，因固执而保守。改变文化的固执，好像千斤重锤击打棉包。突破文化的保守，好似推动滚石越过山梁。来自文化层面的问题，必须用文化的方式解决。更新价值、转变观念，是学校文化建设的永恒课题。

文化引领未来。文化因发展而变革，因变革而创新。向内看，常反思，找出文化痼疾，推动文化变革。向外看，寻方向，描绘文化理想，激发文化创新。创新的学校文化将形成一股力量，引领未来，点亮希望。

补记：2020年2月7日，老校长李英贤女士因病逝世，享年83岁。因新冠肺炎防控正处于关键期，李校长的告别仪式极为简朴。现任校长、副校长、工会副主席等三人代表学校送行。透过泪光瞻仰，李校长躺在鲜花丛中，依旧慈祥、安宁，依然从容、坚毅。谨以此章，献给敬爱的老校长。

第二章
问道：智趣教育的理念构建

第一节　智趣教育的理念内涵

一、"智"与"趣"

智，汉语常用字，最早出自甲骨文，本义是聪明、智力强。引申义有智慧、智谋、计谋、策略、有智慧的人等。《孟子》中说："是非之心，智之端也。"《荀子·正名篇》中说："知而有所合谓之智。"智的本字是"知"。如《礼记·中庸》中说道："好学近乎知，力行近乎仁，知耻近乎勇。"其中"知"通"智"。又如《论语·为政》中提到："知之为知之，不知为不知，是知也。"最后一个"知"也通"智"。

《现代汉语规范词典》对"智慧"的解释：分析判断、发明创造、解决问题的能力。对"智力"的解释：人认识客观事物并运用知识、经验解决实际问题的能力。一般认为，智慧与智力是不同的，智慧为"形而上之道"，而智力为"形而下之器"。

2017年12月21日，国家语言资源监测与研究中心、商务印书馆等联合主办的"汉语盘点2017"揭晓，"智"当选年度国际字。"能处事物为智。"人类将自身的智慧注入机器，全球制造业开始迈入智能化时代，人工智能产品不断推出。可以想象，在不久的未来，人类的生活将变得更加"智慧"。

趣，汉语常用字，最早见于《说文》。本义：疾速义。引申义：动词，急令追击、驱逼前行、强力催促；名词，强烈吸引人的兴味、意向、意旨、爱好。

《现代汉语规范词典》对与"趣"有关词语的解释，趣味：人对事物产生的愉快、有趣和被吸引的感觉；兴趣：爱好或关切的情绪，通常指人对事物产生的情感；情趣：性情和志趣、情调和趣味；志趣：志向和兴趣，意志的趋向。

二、智趣教育

智趣教育之"智"，兼取智力、智慧之意；智趣教育之"趣"，兼取趣味、兴趣、情趣、志趣之意。

作为对学校教育理念的一种概念化表达，智趣教育当然不只是两组词语意义的简单叠加。智趣教育在培养目标、教育内容、教育方式、教师发展和学校发展等方面，都有其特殊的价值追求和理念意旨。

（一）从培养目标看智趣教育

"智"，反映学校努力促进学生智力水平的发展，从知识基础到认知水平，从思维能力到综合解决问题的能力，以"求真"为核心，全面落实智育目标。"趣"，反映学校努力促进学生情感素质的提升，从公民道德到社会责任，从心理品质到自我调适能力，从健康生活方式到审美情趣，以"向善"和"尚美"为追求，全面落实德育、体育和美育目标。

智趣交融，表达了智趣教育追求一种"培养完整的人""完整地培养人"的教育境界，力图把求真、向善和尚美统一起来，使学生的智力、道德和情感水平得到全面而和谐的发展。

人是实践的存在物，是实践活动和认识活动的主体。主体的情感和意志是主体能力结构中的精神因素，对主体实践活动的发动与停止、对主体实践能力的发挥起着重要的控制和调节作用。实践的主体是知、情、意相统一的整体，实践主体能力的发挥不仅取决于知识的主导作用，而且总是伴随着主体对客体的情感体验和意志努力。正如马克思所说："激情、热情是人强烈追求自己的对象的本质力量。"

学生发现知识的过程，是揭示认识对象内在本质和内在规律的过程，是求真；学生应用知识的过程，是根据事物本质和规律进行实践活动的过程，也是求真。发现知识和应用知识都是有明确目的性的认识与实践活动。之所以产生目的，是因为人们对将要开始的活动进行了是非判断和价值判断。当人们意识到活动对个人或社会是无害的、有益的，是"善"且"美"的，才会产生活动的动机。即使在认识和实践活动中遭遇困难，对"善"和"美"的追求也会激发人们的意志，使人们做出坚持不懈解决困难的选择。因此，"向善"和"尚美"为"求真"提供了驱动力。

学生形成道德观念的过程，是建立个人与他人、与自然、与社会之间的关系准则的认识过程，是向善；学生践行道德行为、养成良好习惯的过程，是运用关系准则约束自身行动的实践过程，也是向善。道德认知教育目的在于指导学生建立是非标准，让其知道什么是对的、什么是错的，"明道理"才能"遵道理"；道德情感教育的目的在于促进学生认同是非标准，体验"善"的快乐、"恶"的羞耻，感受"美"的愉悦、"丑"的厌恶，"信道理"才能"守道理"。正确的道德认知和真切的道德情感是形成道德意志、指导道德行为的基础。因此，"求真"和"尚美"为"向善"提供了保障。

孔子说："里仁为美。"（《论语·里仁》）伍举说："夫美也者，上下、内外、大小、远近皆无害也，故曰美。"（《国语·楚语上》）北宋蔡京工书法，后世称"苏、黄、米、蔡"为北宋四大书法家，有人认为"蔡"原指蔡京，后世以其"人品奸恶"，遂改为蔡襄。中国古代普遍以"善"为美，说明"善"是"美"的前提。加德纳说："每一种智能都能导向艺术思维的结果，都能按照美学的方式排列。"（《多元智能》）"真者，精诚之至也。不精不诚，不能动人。"（《庄子·渔父》）庄子认为不是真的，不可能美。可见"真"是"美"的基础，因此，"尚美"本质上就是"求真"和"向善"，是二者的和谐统一。

（二）从教育内容看智趣教育

"智"，指向学校设置的各类基础性课程，落实课程计划，提高教学有效性，优质高效地完成各学科的教学任务，落实学校教育"保底"的责任。"趣"，指向学校开发的各类拓展性课程与选择性课程，扩展课程视野，丰富校园生活，进而丰盈学生的精神世界，为学生个性发展和特长培养提供更多的选择，实现学校教育"增值"。

智趣交融，表达了智趣教育努力构建一种"既要保底也要增值""保底与增值相结合"的课程体系。努力把基础性课程、拓展性课程和选择性课程整合成有机的体系，相互支持、相互补充、相互渗透，增强学生对学校教育内容的适应性。

基础性课程是学校执行上级教育主管部门颁行的课程计划，开齐开足各类国家课程和地方课程（也包含教育主管部门建议的校本课程）。这些课程是学校教育的主阵地，是学校课程的主体成分，构成实现基本培养目标的保障系统。

拓展性课程是由学校开发的面向全体学生的综合性、活动类课程，是促进学生全面发展、体现学校课程特色的重要领域，是学校课程的重要组成部分，构成学校教育教学质量的增效系统。

选择性课程是学校为满足学生个性发展需要而开发的社团类课程，是培养学生兴趣、爱好和特长的主要途径，是学校课程的重要补充部分，构成学校教育教学质量的优化系统。

课程是学校教育内容的最主要载体。基础性课程所包含的教育内容，由义务教育各学科课程标准做出明确的规定，并通过由教育行政部门主导编写并审定的各学科教科书来编排和呈现。理想地看，只要全面落实各学科课程标准，对实现义务教育阶段的培养目标应该可以发挥"保底"的作用。但是，全国范围内执行的课程标准很难兼顾各地域教育发展的不均衡，更遑论考虑学校之间的差异。统一编写的教科书很难及时反映社会、经济、科技的最新发展，也很难针对特定地域、特定时期的需要做出调整或补充。

《基础教育课程改革纲要（试行）》提出："改变课程管理过于集中的状况，实行国家、地方、学校三级课程管理，增强课程对地方、学校及学生的适应性。"学校拥有一定的课程自主权，有利于根据学校实际情况和需求，对学校教育内容进行一定范围的调整与补充。

智趣教育设计的拓展性课程面向全体学生，针对基础性课程教育内容"不充分"的部分进行适当补充、"不贴近实际"的部分进行适当调整，特别突出学生思想道德建设方面的教育内容，形成面向全体学生的"增值"机制。智趣教育设计的选择性课程面向个体学生，特别针对学生在体育、艺术素养方面的个性化发展需求，组织丰富的课程资源，创造多样的成长机会，为培养学生兴趣、爱好和特长提供"增值"服务。

（三）从教育方式看智趣教育

"智"，体现学校理性预测学生未来生活的可能形态，发挥教师的主导作用，通过适当的启发、引导、规范、约束、训练，指导学生培育道德、积累学识、增强能力、健康身心，"做好未来生活的准备"。"趣"，体现学校客观理解学生学校生活的现实状态，尊重学生的主体地位，组织开展丰富的游戏、竞赛、合作、探究、实践活动，珍惜童趣，放飞童心，让学生学得快乐、玩得聪明，享受童年生活的美好。

智趣交融，表达了智趣教育倡导一种既尊重主体、灵动开放，又主动引导、有效干预的教育方式。它面向未来、关注当下，在"教育即准备"和"教育即生活"之间寻求平衡、建立联系。

斯宾塞在其代表作《什么知识最有价值》中指出，教育就是为了让孩子的生活更美好，是为以后美好的生活做准备。从个体角度来讲，每个孩子都将面对未来的竞争。机会只会眷顾那些做好了准备的人。知识需要日积月累，不可能在有需要时一蹴而就；能力需要反复锻炼，不可能随着年龄增长自然形成；品德需要长期修养，不可能一踏入社会就水到渠成。竹笋经历了艰苦的积蓄之后才能破土拔节，漫长的教育周期不应该只是静静的等待。从社会角度来讲，教育承担着为国家强盛培育公民、为社会发展培养人才、为时代进步输出动力的责任。教育的目的，实质上就是教育对于国家、民族和社会未来所应承担的当前使命；教育的结果取决于当下学校教育的行动，最终表现为贡献给未来的人才。

杜威主张"教育即生活"。他认为，教育属于生活的一个过程，教育要服务于孩子的现实生活。改造经验必须和生活紧密地结为一体，个人在社会生活中与人接触、相互影响，逐步扩大和改进经验，养成道德品质和习得知识技能，这就是教育。杜威还主张"学校即社会"。他认为人们在社会中参加真实的生活，才是身心成长和改造经验的正当途径。所以教师要把教授知识的课堂变成孩子活动的乐园，引导孩子积极自愿地投入活动，在活动中不知不觉地培养品德和获得知识，实现生活、生长和经验的改造。人的成长是连续的过程，学校教育是这个过程的一部分。单纯追求结果的教育，只会导致学校教育与社会生活的割裂，也会使成年人将自己的主观意志和行为方式强加于孩子，导致孩子主体地位的丧失。

斯宾塞和杜威在教育应服务于学生未来生活还是现实生活的问题上虽然持对立的观点，但他们都认为教育应为学生服务，反对纯社会功利的教育；都提倡自主教育，反对灌输式教育；都提倡快乐和兴趣教育，反对无视学生身心发展规律的教育方式。

（四）从教师发展看智趣教育

"智"，要求教师持续积累教育智慧，体现了学校对教师专业能力的更高要求。教育智慧来自原理性知识、经验性知识，更来自"化合"二者之后产生的策略性知识。"趣"，要求教师不断丰富教育情怀，体现了学校对教师专业精神的更高要求。教育情怀表现为高尚的职业道德、高雅的生活情趣和高超的教育艺术。

智趣交融，表达了智趣教育实施一种师德为先、能力为重、德能双修、德艺双馨的教师发展策略。课程引领、课堂修炼，能上好课才是好老师。教学相长、知行合一，把学问做精才能获得真幸福。

正确地理解课程为"上好课"提供价值引领。首先，要从整体上理解课程的育人价值，认识到每一门课程都承载着促进学生全面发展的使命，所有的课程都共同服务于教育目的和培养目标，共同服务于学生的全面发展。其次，要从课程理念中梳理出该门课程的核心价值，那些本学科独具优势、其他学科无法替代的育人功能，往往就是本学科的核心价值。充分发挥学科的核心价值，才能有效地发展学生的学科核心素养。第三，要理解课程与教学之间的联系，认识到一门"好课程"是由无数节"好课"构成的，每一节"好课"都应遵从课程的基本理念，坚持落实课程标准的要求。持续的优质课堂教学，是学生在该学科持续进步成长的基础和保障。

课堂修炼为"上好课"铺设实践通道。第一，要上好当下这节课，落实细节，关注每个孩子的成长，做"有仁爱之心"的好老师；第二，要上好执教这门课，刻苦钻研，不断增强专业能力，做"有扎实学识"的好老师；第三，要上好从教每节课，持之以恒，坚守职业道德规范，做"有道德情操"的好老师；第四，要上好学生"人生第一课"，为党和国家育人，践行立德树人的使命，做"有理想信念"的好老师。

教学相长是做精学问的基础，知行合一是做精学问的阶梯。教师的知识可分为原理性知识、经验性知识、策略性知识三类。要做精学问，就要不断增长这三类知识，把"教"的过程发展为积累经验性知识的过程，把"研"的过程转化为丰富策略性知识的过程，而且始终保持对原理性知识的学习与更新。

原理性知识一般包括本学科的基础知识、普通的教育学和心理学知识、本学科的教学法知识等，可以通过职前教育获得这些知识，并通过职后教育、自主学习等渠道不断将其丰富。

经验性知识一般要通过具体直接的教学实践而获得，也可通过观察他人的实践而间接获得。它基于教师个人的体验，与过程、方法、技巧相关，多为"默会型"知识。

策略性知识是运用原理性知识分析实践经验所获得的新的认识，是原理性知识和经验性知识的"化合"产品。反思，是这个化合过程的"催化剂"。策略性知识深入到问题本质，概括为一般规律，提升到理论高度，直至转化为"明言型"知识。它符合已有的原理，融合真实的经验，发展为具有一定普适性的新的教育教学规律，可以指导未来的教育实践。从这个意义上讲，策略性知识就是教育智慧。

教育智慧是教师走向卓越的必由之路，是增强专业自信的必备本领，是实现个人价值、获得职业幸福感与满足感的根本所在。

（五）从学校管理看智趣教育

"智"，强调了学校教育行动在现代教育理论指导下，客观、理性、务实，遵循教育规律，尊重现实基础，以科学的态度和严谨的作风治校、治教、治学。"趣"，体现了学校教育活动在以人为本、和谐发展理念的指导下，生动、灵活、创新。质量立校、科研兴校、特色强校，以勇敢的探索精神和开放的教育情怀引领学校科学发展。

智趣交融，表达了智趣教育坚持一种稳健而富有活力、创新而恪守规范的学校发展思路。"求实、多思"能成"智"，"进取、成材"方显"趣"。实验为本，整体育人，引领学校高质量发展。

中山市实验小学的校训是"求实、多思、进取、成材"。从学校层面分析校训的内涵，可以更深切地表达"智趣教育"的办学理念。

1. "求实"要求学校担当教育使命，端正办学思想

明确使命、端正思想是学校稳健发展的基本前提。学校必须时刻牢记立德树人的办学使命，坚持为国育才、为党育人的办学方向，端正以学生发展为中心的办学思想，落实素质教育的发展理念，才能做到在谋划学校未来发展时不偏方向，在聚焦学校发展关键时不失准星，在处置纷繁管理事务时不离重心。学校必须始终对照教育方针、教育目的和培养目标，以实事求是的精神检视工作中的盲区、弱项和短板，以扎实诚恳的态度克服制约学校发展的主观因素问题，以脚踏实地的作风解决各种现实问题。

2. "多思"要求学校研究教育现象，探索办学规律

学校是各种教育现象的发生现场，学校应该把这些教育现象作为研究对象，以期透过现象追索原因、探寻本质、思考对策。学校是各种教育规律的实践现场，同时也是教育规律的生成现场，学校管理者既要善于用好规律，也要学会总结规律。教育现象不会自然发生，导致现象的主观原因、客观原因、内部因素、外部因素等都是值得分析的内容。教育现象不会孤立存在，现象与现象之间隐藏着各种各样的联系，追溯到现象成因时，往往可以发现这些联系，也就可以将若干现象归结为同类，便于进行综合的分析。教育现象不一定都是问题，但教育现象一定能引导出问题。失败和不足的现象常常更容易引发管理者的思考，而成功和优点的现象往往更值得管理者思考。

学校管理者应该建立"用规律指导工作、用工作探索规律"的思考模式。现有的教育规律是教育实践和理论研究的结晶，是人们对教育问题的认知精华，值得尊重、理解、借鉴。用规律指导工作，就是要求管理者在做出判断和决策时，不能仅凭经验或个人情感，而是要主动从教育理论中寻求观念指导。科学的教育规律不是凭空臆造的，而是来自生动的教育实践。具体工作固然要解决现实的问题，但不能仅仅停留在解决现实问题的层面，而是应该延伸问题的深度、广度、高度，力图使解决问题的过程成为形成策略性知识、总结普遍性规律的过程，从而提升管理智慧。

3. "进取"要求学校树立教育理想，实施办学规划

没有理想的学校没有美好的未来，不做规划的学校很难健康地发展。进取驱动人们建立理想，理想为进取树立目标；进取引领学校迈向理想，规划为进取指明路线。

学校的理想不应是校长的个人理想，而应是融汇校长、管理团队和广大师生、家长意愿的共同理想，是学校所有人的发展愿景。校长的个人理想起着很

重要的引领作用，他负责点燃每一个人对学校未来的希望烛光，也负责汇聚每一点烛光而照亮整个学校对未来的希望。校长要提炼学校的发展愿景，将其浓缩加工为精练的表述、精准的阐释，也要把学校的发展愿景具体化，将其分解细化为具体的任务、可控的进程。

学校教育活动是一个庞大、复杂且不断发展变化的系统，各要素之间相互促进，也相互制约。每个子系统都有自身的发展需求，这些需求可能形成合力，也可能发生冲突。系统的问题必须用系统的方法来解决，科学制定并有效实施学校发展规划就是一种系统方法。学校发展规划是实现自主管理的基础、形成共同愿景的平台、整合教育资源的渠道、打造办学特色的抓手，在学校各种管理手段中有着特殊的重要性。优质的学校发展规划能成为推进学校不断自我完善、奋力进取的坚强力量。

4. "成材"要求学校创新教育成果，打造办学特色

学生、教师和学校，是三个不同的发展主体。三个主体的发展互为基础、互相促进、互为印证。三个主体的发展各有目标、各有路径、各有规律，也各有发展的成效表现。学校的发展，主要表现为形成良好校风、取得优良业绩、产出创新成果、凸显办学特色。

"实验为本，整体育人"是中山市实验小学于20世纪90年代后期提出的办学理念之一。作为智趣教育所倡导的校风，它见证了中山市实验小学20余年的激情跨越，也准确地刻画了这所学校特有的精神气质。"实验为本"蕴含了"科学"与"创新"的理念，它代表了中山市实验小学传承孙中山先生"敢为天下先"的精神，以改革为发展的动力源泉，视创新为自己的教育责任，用生动的教育实验推动学校不断进步，并努力为区域教育改革贡献新经验。"整体育人"明示了"全体"和"全面"的追求，它表达了中山市实验小学担当教育使命的决心与扎实教育实践的智慧：实施素质教育，面向全体学生；遵循教育规律，促进学生全面发展。

从20世纪90年代起，中山市实验小学在信息教育、科技教育、艺术教育、体育、心理健康教育等方面积累了丰富的办学业绩，形成了较明显的优势和特色，先后被评为"全国现代教育技术实验学校""全国学校艺术教育先进单位""全国中小学心理健康教育特色学校""全国青少年校园足球特色学校""全国百所数字校园示范校建设项目学校""中国少年科学院科普基地"。

近年来，中山市实验小学以智趣教育为改革主题，在创新德育模式、加强课程领导、培育师资队伍、提升科研能力、打造课程特色、丰富学校文化等领域，开展了系统而扎实的实践探索。特别是在课程建设领域，确定了"以课

程教学改革为关键,充分发挥其统整作用和枢纽功能,推动改革整体进程"的实施思路,努力构建基础性课程、拓展性课程和选择性课程递进发展的课程体系,全面提升学生的五种基本素养、两个关键能力(即健康素养、学习素养、品德素养、艺术素养和劳动素养,创新能力和合作能力)。

三、智趣教育理念综述

智趣教育是一种以全面落实教育方针、促进学生全面发展为目标,在教育内容、教育方式、教师发展和学校管理等方面建立并推行"启智激趣,智趣交融"的理念,整体规划、系统推进,全面提升学校的办学质量,创新教育与发展模式。

智趣教育是对培养目标的创新。提出"三级课程为土壤,五种基本素养为根系,两个关键能力为主干,十五类发展目标为分枝,众多具体目标为果实"的学生发展目标体系,把求真、向善、尚美统一起来,使学生的智力、道德和情感水平得到全面而和谐的发展。

智趣教育是对教育内容的创新。构建由基础性课程、拓展性课程和选择性课程组成的学校课程体系,完善各领域教育内容,使教育内容在服务教育目的的过程中"既能保底又能增值",不断增强学校教育内容对学生和教师的适应性。

智趣教育是对教育方式的创新。在"教育即准备"和"教育即生活"之间寻求平衡,积极倡导既尊重主体、灵动开放,又主动引导、有效干预的教育方式。学校教育行动既面向未来,又关注当下。

智趣教育是对教师发展策略的创新。紧扣"上好课"这个关键词,严师德、强师能、正师风,通过课程引领、课堂修炼、科研提升等途径,实施"名特优引路、工作室领跑"的策略,让教师"教得智慧,研得幸福"。

智趣教育是对学校管理策略的创新。坚持稳健而富有活力,创新而恪守规范的学校发展思路,把"求实、多思、进取、成材"的校训作为学校行动标尺和行为准则,让"实验为本,整体育人"的校风成为深化理念内涵、彰显办学特色的精准写照。

第二节　智趣教育的理论基础

一、智趣教育的哲学理论基础

马克思主义哲学中"矛盾是对立面的统一""非理性因素在认识过程中的作用""社会发展与人的发展""人的全面而自由发展"等理论学说，是智趣教育的哲学理论基础。

（一）矛盾是对立面的统一

人类在实践和认识过程中不断深化对联系和发展的认识，形成了关于规律的学说。黑格尔在唯心主义基础上第一次以自觉的形式阐述了联系和发展的基本规律，即量变质变规律、对立统一规律和否定之否定规律。这三个基本规律构成了辩证法规律。马克思、恩格斯在唯物主义的基础上改造、重释了辩证法，形成了唯物辩证法。其中，对立统一规律构成了唯物辩证法的实质和核心。

对立统一规律也就是矛盾规律，而矛盾分析法是认识的根本方法。任何事物和人类的实践活动都存在着矛盾的两个方面，并且这两个方面是对立统一的。认识活动中的主体和客体、思维与存在、感性与理性、具体与抽象、个别与一般等，都是矛盾的两个方面，无一不是对立统一的关系。矛盾的同一性和斗争性是矛盾的基本属性，矛盾同一性与斗争性相互作用而推动了发展。

智趣教育坚持运用矛盾分析法理解学校教育活动，理解学生和教师的发展。学校教育的价值是"做好未来生活的准备"，还是"享受童年生活的美好"；学校教育的内容是"力争保底"，还是"追求增值"；学校教育方式是着重规范，还是强调开放；学生发展是以文化知识为主，还是以道德为主；教师教学是优先发展学生的理性思维，还是情感因素；教师的工作应以教学为重，还是以科研为重；教师培训应尊重团体的需要还是满足个体的需求，这些看似难以取舍的问题，都可以运用矛盾分析法进行认识和理解。事实上，上述这些问题的两个方面既是相互依存，也是相互渗透和贯通的。只要把握好对立面的统一，综合运用内因和外因，合理控制量变和质变，就可以协调矛盾，促进双方的有效发展。

（二）非理性因素在认识过程中的作用

人们不仅要认识作为客观对象的外部世界，而且要对自身的认识活动进行反思，以提高认识活动的自觉性，这正是认识论的任务。马克思主义认识论的产生是认识论史上的一次革命性变革。学习马克思主义认识论，将会改善我们的知识结构，转变我们的思维方式，提高我们的认识能力，从而使我们更自觉地从事实践活动。

马克思主义认识论指出，作为认识的主体，人是一个有意志、有情感并且有认知能力的统一整体，非理性因素会参与到认识活动中，对认识过程发生作用。虽然理性因素在认识过程中起主要作用，但我们同样要充分利用非理性因素的积极作用，努力防止它的消极作用。

情感和意志包括冲动、欲望、本能等非理性因素，它们虽然不属于人的认识能力，却是作为一种精神力量渗透到主体的认识活动中。幻想、想象、顿悟、直觉、灵感等属于人的认识能力，但具有非逻辑性、不自觉等特点，它们也包含在人们的非理性因素中。

现代心理学、脑科学不仅对人的理性思维机制进行了深入的研究，也广泛开展了对非理性因素的探索，新的科研成果为教育改革和创新提供了帮助和指导。

智趣教育重视非理性因素对学生认识活动及认识发展的作用，将培养学生的情感、意志作为教育内容的重要组成部分，融合到各学科的课堂教学当中。学校提倡的有效教学原则，突出强调要"让学生体验学习的价值""让学生带着明确的目的参与学习""让学生感受学习的乐趣""让学生经历克服学习困难的过程""让学生获得合作学习的体验"等，指导教师充分利用情感、意志的积极作用，并注重长期坚持培养学生的情感和意志。

马克思主义哲学强调了人在实践活动中的价值追求，指出合理的实践既是一种合规律性的活动，也是一种合目的性的活动，主体对客体的价值关系包含于实践活动的目的当中。恩格斯指出："外部世界对人的影响表现在人的头脑中，反映在人的头脑中，成为感觉、思想、动机、意志，总之，成为'理想的意图'，并且以这种形式变成'理想的力量'。"这一观点充分说明了价值追求、意志、情感对认识与实践活动的意义。

智趣教育用"求真"解释人们认识活动的"合规律性"，用"向善"解释人们认识活动的"合目的性"，用"尚美"解释"合规律性与合目的性的统一"，强调教育教学活动要实现求真、向善与尚美的相互融合、系统整合。

智趣教育同样重视对学生非逻辑形式思维的培养。儿童的幻想、想象丰富而广泛，随着年龄的增长，幻想、想象能力会逐渐降低，因此，强调保护、注重培养，应成为教师的教学自觉。顿悟、直觉、灵感的心理机制虽然还没有被心理学完全破译,但对学习任务的持续注意、发散性思维、安全的学习心理环境等,是使这些直觉思维得以发生的关联因素。智趣教育倡导营造开放、平等、宽容的教学氛围,有利于学生直觉思维能力的发展。

(三)社会发展与人的发展

人与社会是不可分离的。人是社会的人,社会是人的社会。因此,社会发展和人的发展是同一个过程的两个方面。马克思主义哲学从人的实践活动出发去探讨社会的本质,同时又从社会关系出发探讨人的本质。马克思主义哲学揭示了社会发展规律,同时又揭示了人的解放和自由全面发展规律。

人是双重存在物,即自然存在与社会存在的统一。因此,人必然具有双重属性,即自然属性与社会属性。人的自然属性是指人的肉体特征和生物特性,与生俱来。人的社会属性是指人从其所依存的社会环境和社会关系中获得的特性,包括人的社会角色、价值观念、道德规范等,是人作为社会存在物而具有的特性。人的社会属性在社会中形成,并随着社会关系的变化而变化。

智趣教育遵循儿童社会化的规律,认为儿童成长过程,不仅是身体成长发育的过程,也是心智成熟发展的过程;不仅是个体智力、情感发展的过程,也是价值观念、道德规范不断社会化的过程。学校教育应努力为儿童的社会化提供恰当的环境、创造有利的条件。智趣教育积极营造学校、家庭和社会三位一体的育人环境,让学生充分体验各种社会角色,逐渐适应这些社会角色的道德规范和行为准则,并通过对这些规范和准则的理性认知与情感认同,逐步形成正确的价值观念。

(四)人的全面而自由的发展

马克思主义哲学认为生产资料私有制和旧式社会分工的存在,导致人的片面发展,资本主义社会形态使人的片面发展更加突出。生产力的高度发展和科学技术的巨大进步为人类消灭自身的片面性、实现全面而自由发展创造了条件。在共产主义社会形态下,人类将最终实现全面而自由发展的理想。

人的全面发展是从广泛性上谈人的发展,它是指人的各方面能力的协调发展,人的"一切天赋都得到充分发展"。片面发展是指人的某一方面能力得到发展,而其他方面的能力则没有机会得到发展,或者一种能力的发展抑制了其他能力的发展。自由发展是从自主性上谈人的发展,是指人自觉自愿地发展自己的能力,施展自己的力量。

我国目前仍处于社会主义初级阶段,社会生产力水平和生产关系还不能保证每个人都能实现全面而自由的发展,但以人民为中心的发展理念,突出了人的主体性,为人的发展提供了更广阔的空间,创造了更优越的条件。改革开放以来，我国基础教育坚持全面推进素质教育，要求基础教育要面向全体学生，促进学生全面发展。进入21世纪，不断深入的基础教育课程改革也坚持"为了中华民族的复兴，为了每位学生的发展"的价值追求。这都体现了马克思主义关于人的发展学说对我国社会经济与教育发展实践的指导。

智趣教育是社会与时代进步的产物，也必将随着社会与教育的发展而发展。智趣教育坚持以人为本的发展理念，把全体学生的发展、每个学生的全面发展作为学校教育的根本追求，立德树人，五育并举，全面贯彻落实习近平新时代中国特色社会主义思想对基础教育提出的目标、任务和要求，切实履行学校教育的国家责任、政治责任、社会责任和时代责任。

二、智趣教育的教育理论基础

中国古代传统教育思想、实用主义教育思想、加德纳——多元智能理论和建构主义理论，是智趣教育的教育理论基础。

（一）中国古代传统教育思想

中国古代传统教育思想博大精深、源远流长。远在四五千年前，古代中国就开始了有组织的教育活动，传说中的伏羲、神农、黄帝、尧、舜等，可以说是我国最早的教育家。而孔子则是我国古代伟大的教育家。

孔子的教育理想是建立在他的哲学和社会学思想基础之上的。"孔子的思想是代表一个理性的社会秩序，以伦理为法，以个人修养为本，以道德为施政之基础，以个人正心修身为政治修明之根底。"（《孔子的智慧》，林语堂）因此，孔子及后世儒家学者把"仁义礼智"并称为"四德"，作为儒家提倡的最基本的道德，也作为儒家的教育理想，致力于培养具有"四德"的君子。

孔子把道德教育，特别是"仁"的教育作为最主要的教育内容，同时他也很重视"士"的综合素质。他的教学内容包括"六艺"，即礼、乐、射、御、书、数，也可算是"全面发展"了。他把当时存世的官书删成《尚书》；把当时存世的诗歌删存三百多篇而成《诗经》，还制定了礼书、乐书。

孔子在教育方法上积累的思想和经验，是孔子教育思想中最具代表性的成就，是我国教育史上的宝贵财富；因材施教、循循善诱、温故知新，以及"不愤不启，不悱不发"的启发式教学方法等，对当代的教育仍然发挥着重要的指导作用。

孔子被后世奉为"至圣先师"，不仅因为他的教育思想和成就，也因为他的身体力行，体现了许多优良的教师品德。"学而不厌，诲人不倦""学而不思则罔，思而不学则殆""三人行，必有我师焉""学然后知不足，教然后知困"等思想，指导着历代教师培养博学、敬业、谦虚、勤思的优良品德。

孔子的教育思想是我国古代教育思想的精华，是智趣教育取之不竭的精神宝藏。

（二）实用主义教育思想

1. 陶行知教育思想

陶行知教育思想博采古今，兼容中西，理论简约，并自成体系。在教育理想上，他奉行"千教万教教人求真，千学万学学做真人"的教育箴言。陶行知的"真"与孔子的"仁"在教育理念和道德目标上一脉相承。在教育策略上，他基于知行关系的深刻理解，提出"行是知之始，知是行之成"的重要论断，突出实践（"行"）在认识论中的先导地位，认识与实践结合，并由此确立了"行—知—行"的行动策略，使得教育理想和目标能在实践中有效落实。在教育理论上，陶行知继承发展了杜威的现代教育思想，并从中国国情出发，提出"生活即教育""社会即学校""教学做合一"等三大理论主张。他主张教育要与社会生活相联系，与生产实践相结合，按社会生活前进的需要实施教育，打破学校与社会之间的藩篱，使教育回归生活，实现从书本的到人生的、从狭隘的到广阔的、从字面的到手脑相长的、从耳目的到身心的彻底转变。在教育实践上，他毕生致力于人民的教育事业，不畏艰险，认真探索，大胆实践，开辟新路，为世人树立楷模，为民众敬仰。

陶行知教育思想具有突出的民族性、平民性、大众性和实践性，很多观点与现代教育的本质要求和价值追求内在相通，对当代教育具有重要的启示意义。智趣教育以人民教育家陶行知为楷模，坚持教育的民族性，把学校教育视为培养担当民族复兴大业时代新人的坚强阵地。智趣教育突出基础教育的社会责任，努力推进教育公平，在培养目标上重视面向全体学生，在教育内容上尊重每个学生的需求，在教育方式上强调建立平等的师生关系。智趣教育落实道德实践要求，引导学生从道德体验中明道理、在道德情感的基础上正品行，开拓课程视野，积极为学生成长、为学校课程建设拓展社会资源。

2. 杜威教育思想

约翰·杜威是美国著名哲学家、教育家、心理学家，是实用主义的集大成者。从实用主义经验论和机能心理学出发，杜威批判了传统的学校教育，并就教育本质提出了他的基本观点：教育即生活、学校即社会。杜威认为，教育就是儿童生活的过程，而不是将来生活的预备。最好的教育就是"从生活中学习、从经验中学习"。学校是社会生活的一种形式，具有社会生活的全部含义；

校内学习应该与校外学习连接起来，两者之间应有自由的相互影响。

杜威在论述教学时提出一个基本的原则是"从做中学"，即从做的过程中学习。教学不是直截了当地注入知识，而是诱导学生在活动中得到经验和知识。杜威认为"只有将重点转变到必须让儿童积极参加、亲自积累自己的问题并参与寻求解决问题的方法这样的环境时，思想才是真正自由的"。杜威还认为，好的教学必须能唤起儿童的思维。所谓思维，就是明智的学习方法，或者说，教学过程中明智的经验方法。在他看来，如果没有思维，那就不可能产生有意义的经验。因此，学校必须提供可以引起思维的经验的情境。

杜威赞同"儿童中心"的思想，他认为学校生活组织应该以儿童为中心，使得一切主要是为儿童，而不是为教师。在强调"儿童中心"思想的同时，杜威并不同意教师采取"放手"的做法。在杜威看来，要么从外面强加于儿童，要么让儿童完全放任自流，两者都是根本错误的。"教师作为集体的成员，具有更成熟的、更丰富的经验以及更清楚地看到任何所提示的设计中继续发展的种种可能，不仅是有权而且有责任提出活动的方针。"

杜威还特别强调了教师的社会职能，那就是"教师不是简单地从事于训练一个人，而是从事于适当的社会生活的形成。"因此，每个教师都应该认识到他所从事的职业的尊严。

智趣教育理念吸纳了杜威关于学校教育和教学的一些基本观点。如智趣教育坚持以学生发展为本，推动学校各领域工作为儿童成长提供更全面、更优质的服务，同时也特别强调教师在教育教学活动中发挥主导作用，以精湛的专业技能为儿童成长做出合理的预期、施予必要的影响。又如，智趣教育重视培养学生的实践能力，不仅通过课程建设途径开发了大量实践性、体验性的教育内容，还要求各学科在教学中要为学生提供充分的实践机会。对于教育是"儿童生活的过程"还是"将来生活的准备"这个问题，智趣教育认为二者并无本质的矛盾，应该采取兼顾的立场，教育应该为将来的生活做必要的准备，但不能以牺牲儿童的独立性与自主性、童年生活的幸福与美好为代价。

（三）加德纳——多元智能理论

多元智能理论是自20世纪80年代中期以来盛行全球的国际教育新理念，它是由美国当代著名心理学家和教育学家霍华德·加德纳博士于1983年在其《智能的结构》一书中首先系统地提出，并在后来的研究中得到不断发展和完善的人类智能结构理论。多元智能理论自提出以来，在世界各地教育工作者中引起强烈反响。

加德纳指出："智力是在某种社会或文化环境的价值标准下，个体用以解决自己遇到的真正的难题或生产及创造出有效产品所需要的能力。"根据加德纳的多元智力理论,每个人至少具备语言、数理逻辑、音乐、空间、身体、人际交往和自我认知等7种相对独立的智力。这7种智力错综复杂地、有机地、以不同方式不同程度地组合在一起,使得每一个人的智力都有独特的表现方式和特点;即便是同一种智力,其表现形式也是不一样的。

多元智能理论给智趣教育带来诸多启示。多元智能理论倡导弹性的、多因素组合的智力观,拓宽了智趣教育对"学得聪明"的理解;多元智能理论提倡全面的、多样化的人才观,为学校选择性课程建设提供了理论依据;多元智能理论倡导积极的、平等的学生观,丰富了智趣教育教师队伍建设的理论基础;多元智能理论倡导个性化的因材施教的教学观,进一步强化了智趣教育坚持的有效教学原则;多元智能理论倡导多种多样的、以评价促发展的评价观,对智趣教育未来将要深入开展、重点突破的评价改革提出了新要求;多元智能理论倡导未来学校观,将指导学校综合发展,推动办学质量水平迈向更高层次。

(四)建构主义理论

20世纪以来,以皮亚杰、斯滕伯格、卡茨和维果斯基为代表的建构主义理论诞生并不断发展,其理论核心是以学生为中心,强调学生对知识的主动探索、主动发现和对所学知识的意义的主动建构。由于建构主义所要求的学习环境得到了当代最新信息技术成果的强有力支持,使其得以在世界范围内广泛传播,因此被视为"教育界的一场革命"。建构主义理论与教学实践普遍结合,成为国内外深化教学改革的重要理论指导。

建构主义教育观强调知识的动态性,强调学习是一个主动建构的过程,强调学习的社会性和情境性,试图实现学习广泛而灵活的迁移。它认为学习不是简单的、由外到内的转移和传递知识,而是学习者主动地建构自己的知识经验的过程,即通过新经验与原有知识经验的反复的、双向的相互作用来充实、丰富和改造自己的知识经验,从关注外部输入到关注内部生成。更强调情境学习,主张通过在真正的现场活动中获取、发展和使用认知工具来学习特定领域,强调要把学习者和实践世界联系起来。在教学中强调把所学的知识与一定的真实任务情境联系起来,让学生合作解决情境性的问题。

智趣教育响应建构主义教育理论"以学生为中心"的核心观点,认同学生的主动性、主体性在学习中的意义和价值,倡导教学活动为学生主动建构知识、进行有意义学习活动创造环境和条件。智趣教育积极开展在建构主义理论指导下的教学改革实验,如信息技术与学科课程融合研究、基于互联网的自主学习与合作学习研究等。

第三节 智趣教育的理念表达

一、校训：求实、多思、进取、成材

智趣教育的办学理念主要通过学校的"一训三风"表达。

校训是成长的基因，是历史、传统和精神的浓缩与写照；校训是行动的标尺，是学校、教师和学生的行为准则；校训是文化的灵魂，是校风、教风和学风的集中体现。

中山市实验小学从20世纪90年代就提出了"求实、多思、进取、成材"的校训。20多年来，学校面临不同时期的任务，开展不同领域的改革，经历不同形式的发展，校训所倡导的精神却始终得到坚守。近年来，学校进一步发掘校训的内涵，从学校、教师和学生3个层面进行具体的解读，如下表所示。

	求实	多思	进取	成材
学校	担当使命 端正思想	研究现象 探索规律	树立理想 实施规划	创新成果 打造特色
教师	聚焦课程 深耕课堂	勤于思考 善于研究	终身学习 与时俱进	学为人师 行为世范
学生	勤奋学习 夯实基础	独立思考 追求真理	超越自我 敢于创新	志存高远 报效祖国

（一）校训在学校层面的解读

1. "求实"要求学校担当教育使命，端正办学思想

明确使命、端正思想是学校稳健发展的基本前提。学校必须时刻牢记立德树人的办学使命，坚持为国育才、为党育人的办学方向，端正以学生发展为中心的办学思想，落实素质教育的发展理念，才能在谋划学校未来发展时不偏方向，在聚焦学校发展关键时不失准星，在处置纷繁管理事务时不离重心。学校必须始终对照教育方针、教育目的和培养目标，以实事求是的精神检视工作中的盲区、弱项和短板，以扎实诚恳的态度克服制约学校发展的主观因素问题，以脚踏实地的作风解决各种现实问题。

2．"多思"要求学校研究教育现象，探索办学规律

学校是各种教育现象的发生现场，应该把这些教育现象作为研究对象，以期透过现象追索原因、探寻本质、思考对策。学校是各种教育规律的实践现场，同时也是教育规律的生成现场，学校管理者既要善于用好规律，也要学会总结规律。

学校管理者应该建立"用规律指导工作、用工作探索规律"的思考模式。现有的教育规律是教育实践和理论研究的结晶，是人们对教育问题的认知精华。用规律指导工作，就是要求管理者在做出判断和决策时，不能仅凭经验或个人情感，而是要主动从教育理论中寻求观念指导。科学的教育规律不是凭空臆造的，而是来自生动的教育实践。具体工作固然要解决现实的问题，但不能仅仅停留在解决现实问题的层面，而是应该延伸问题的深度、广度、高度，力图使解决问题的过程成为形成策略性知识、总结普遍性规律的过程，从而提升管理智慧。

3．"进取"要求学校树立教育理想，实施办学规划

没有理想的学校没有美好的未来，不做规划的学校很难健康地发展。进取驱动人们建立理想，理想为进取树立目标；进取引领学校迈向理想，规划为进取指明路线。

科学制定并有效实施学校发展规划是一种系统方法。学校发展规划是实现自主管理的基础、形成共同愿景的平台、整合教育资源的渠道、打造办学特色的抓手，在学校各种管理手段中有着特殊的重要性。优质的学校发展规划能成为推进学校不断自我完善、奋力进取的坚强力量。

4．"成材"要求学校创新教育成果，打造办学特色

学生、教师和学校是3个不同的发展主体。3个主体的发展互为基础，互相促进、互为印证。3个主体的发展各有目标、各有路径、各有规律，也各有发展的成效表现。学校的发展主要表现为形成良好校风、取得优良业绩、产出创新成果、凸显办学特色。

（二）校训在教师层面的解读

1．"求实"要求教师聚焦课程，深耕课堂

实施课程与教学是教师的主职、主责、主业，聚焦课程就是要盯紧阵地，深耕课堂就是要站稳岗位。上好每一节课，教好每一个班的课程，踏踏实实地完成好自己的主职、主责、主业，才是最根本的"求实"。

求实要先求真。面对学科知识，"知之为知之，不知为不知"，不必忌讳自己的寡闻，更不应粉饰自己的无知。在信息时代，学校和教师不再是学生获取

知识的唯一渠道，教师也不可能拥有学生所需要的全部知识。面对教育规律，既要充分尊重，也要审慎分析；既要积极应用，也要批判反思。各行各业都会有"泡沫"，教育也不例外。

2．"多思"要求教师勤于思考，善于研究

教育是一门科学，需要不断研究规律、发现规律、应用规律。学校与课堂，都是教育现象的发生现场；教师和学生，始终都处于教育现象之中。现象是直观的，思考可令其抽象；现象是表层的，思考可令其深刻；现象是转瞬即逝的，思考可令其经久不忘。面对现象，勤于思考者，最终将获得智慧；面对现象，视而不见者，徒然感叹岁月蹉跎。

规律不能仅靠理论的推演，而应基于生动的、真实的实践。规律也离不开理论的推演，它不会自动从实践中冒出来，必须经过对实践的分析、综合之后，运用概念、原理进行总结、归纳和提炼。从某种意义上讲，中小学教师开展教育研究，最大的优势是"我在教育现场"，最大的困难是"穿秀教育现象"，最主要的研究对象是"我的教育现象"。

3．"进取"要求教师终身学习，与时俱进

教师要终身学习，这既是教师作为专业技术人员的行业标准要求，也是教师追求事业成就、实现个人价值的必备品质。"学而不思则罔，思而不学则殆"提示我们学习要与思考结合，"学然后知不足，教然后知困"启发我们学习要与实践结合。"学而不厌，诲人不倦"说明了只有持续的学习才能真正解决教师的职业倦怠感。"三人行，必有我师焉"则告诉我们要"不耻下问"。

4．"成材"期待教师学为人师、行为世范

教师的"学"是指教师拥有的学识、学问、学术，也指教师形成的学习方法、态度和精神。前者要求教师夯实教育教学工作的基础，后者要求教师以身作则，做学生的学习标兵、学习榜样。教师的"行"不仅指教师的职业行为，也指教师的社会行为。教师在履行职业行为时要努力做学生的示范，言传与身教相结合、相统一。教师在社会生活中也要努力做公众的示范，以更高的道德标准来规范和约束自身行为，从而从整体上维护教师群体形象，维护行业形象。

（三）校训在学生层面的解读

1．"求实"要求学生勤奋学习，夯实基础

学习，是学生学校生活最主要的内容。学习，是学生成长最主要的途径。学习，是学生的主职、主责、主业。业精于勤，尽管学习的方式多种多样，但勤奋永远是最根本的保障。勤能补拙，我们应该鼓励学生灵活地学、灵巧地学，但永远不能放弃勤奋地学。勤能生巧，应该努力让学生明白，真正有效的学习方法、真正灵巧的学习智慧，肯定来自长期坚持的勤奋。

2."多思"引导学生独立思考，追求真理

学习心理机制研究揭示，不经过思考的学习是无效的学习，不经过思考的知识是虚伪的知识。学习的本质就是思考，学习能力的本质就是思考能力。思考是个体内在的心理活动，是独立的，是他人无法替代的。合作学习是思考任务的分工、思考过程的互动、思考结论的碰撞、思考成果的共享，而不是助长思考的惰性和依赖性。

3."进取"鼓励学生超越自我，敢于创新

"苟日新，日日新，又日新。"学生在学校的漫长生活，不只是静静地等待长大，而是每天都在积蓄破土和拔节所需的能量，犹如竹笋在土壤里如饥似渴地汲取营养，蛰伏三年而不出，一旦破土，一日三尺，刺破青天。超越自我，就是今天要比昨天进步，明天要比今天进步，保持每天不断进步。敢于创新，就是努力做到比已有的更好，努力发现那未知的更好，不断变得更好。

4."成材"教育学生志存高远，报效祖国

成人社会的竞争，比拼的往往不只是学识和能力，很多时候比的是格局、拼的是境界。智慧是格局的核心，理想是境界的尺度。智趣教育从小培育学生为国家图振兴、为民族谋复兴的初心，期待学生将来拥有宽阔的胸怀、高远的志向。如此，方能成大格局、入高境界；如此，方能成材。

二、校风：实验为本，整体育人

校风可以理解为学校的行事作风或形象气质，它反映了学校的风气与风貌，是学校精神文化的外显。校风在价值追求上应与校训保持一致，是对校训的拓展和具体化。校训着重于倡导价值、期许未来；校风着重于印证价值、刻画现实。校风一旦形成，能在学校内形成一种心理氛围，使身在其中的人们产生心理暗示和环境影响，进而引导他们形成正确的价值取向，采取相应的行为方式。

1988年学校更名为"石岐实验小学"。三十余年来，"实验"所蕴含的"科学""创新"理念，逐渐成为学校教育事业发展的鲜明特色。中山市实验小学传承孙中山先生"敢为天下先"的精神，以改革为发展的动力源泉，视创新为自己的教育责任，推动学校不断进步的同时，也为区域教育改革不断贡献创新经验。

"实验为本"不仅强调创新发展，也强调规范发展、科学发展。开展学校教育实验，首先要坚持立德树人，贯彻执行教育方针；其次要坚持依法治校，遵守国家法律法规；第三要加强民主管理，调动各方参与，主动接受监督。开展学校教育实验，还要遵循人的发展规律，坚持以人为本；遵循教育科学规律，坚持务实求真；遵循学校发展规律，坚持立足本校。

1998年学校成为中国教育学会中小学整体改革专业委员会实验基地学校。二十余年来，"整体"所倡导的"全体""全面"理念，始终指引学校坚守素质教育的主流价值。中山市实验小学遵循教育科学规律，一切为了孩子，为了一切孩子，为了孩子一切。面向全体学生，关注每个孩子的成长，面向未来，培育基本素养和关键能力，促进学生全面发展。

"整体育人"不仅强调全体、全面发展，也强调个性发展、和谐发展。社会生活的多样性决定了人的多样性，社会发展的多样性对人的发展提出了多样性的客观要求。强调个性化发展不仅能满足个体的发展需求，也是对社会发展多样性的正面回应。学校教育要为学生的全面发展提供基础保障，创造基础条件，但也必须尊重个体差异，允许一部分学生根据自身的客观条件和发展可能性，选择适合自己的发展方向；鼓励一部分学生根据自己的兴趣方向和能力特长，培养自己的发展优势。

三、教风：教得智慧，研得幸福

教风也是对校训的拓展和具体化，它反映的是学校教师队伍的整体形象与精神风尚，是学校教师文化的外显。良好的教风，能在教师队伍中建立一套超越规则和规范的价值体系，引导教师形成正确的学生观、教师观和教学观，进而影响具体的教学行为。良好的教风还有利于学校精神文化尤其是教师文化在学校内外广泛渗透，在教师之间自然传承。

智趣教育倡导"教得智慧，研得幸福"的教风。"教"和"研"突出了新时期中小学教师专业发展的两个重要领域，即教学业务和教育科研；进一步明确了这两个领域的发展目标和意义，即通过增强教学业务能力获得教育智慧，通过提升教育研究水平追求人生幸福。

传统教育观念认为教师的主要任务是"传道、授业、解惑"，强调了教师对学生的单向输出，忽视了教师自身的发展需求。智趣教育认为，树立"教学相长"的观念，可以把教与学、输出与输入、发展学生与发展教师结合起来。教师要努力做到：传学生以道之时，不忘自悟教育之道；授学生以业之际，务必自强教学之业；解学生之惑，亦可自解成长之惑。一课一得，一日一悟，终将形成独具个性的教育智慧。

普通社会民众认为教师的幸福感主要来自"教有所成"，学生考得好，教师自然骄傲；学生没考好，教师肯定很失望。也有人认为教师的幸福感来自不断增长的薪酬待遇、不断提升的社会地位。这些看法固然没错，却未涉及根本。智趣教育鼓励教师从自我完善与价值贡献的高度感悟幸福真谛。求真，以获得对教育本质、教育规律的正确认识；向善，以修炼道德品质，形成道德行为自觉；尚美，以实现教育行动"合规律性"与"合目的性"的统一。自我完善，必然会提高自我认同水平，"成为自己心目中最好的我"才会幸福。贡献价值，必然会提升公众认同水平，"成为公众心目中最好的我"必会幸福。教育科学研究，是教师实现自我完善、扩大价值贡献的根本途径。

四、学风：学得快乐，玩得聪明

学风综合反映了一所学校目前在校及毕业离校学生的精神风貌、素养结构、形象气质，以及具有群体共性的思维方式、学习方式等。学风在价值取向上与校训保持一致，同时受校风、教风的影响较大。一般来说，高年龄段学校如高中、大学等，学风主要通过传承，并保持相对稳定；低年龄段学校如初中、小学等，学风主要通过学校营造、教师培育，较容易受外部因素的影响而发生变化。

智趣教育倡导"学得快乐，玩得聪明"的学风。"学"与"玩"是儿童成长最主要的两种形态。习惯认知是"学得聪明，玩得快乐"，而中山市实验小学则对此进行一次"跨界对接"，倡导"学得快乐，玩得聪明"。学校认为，教育要顺应儿童成长的自然规律与社会规律，在"学"与"玩"中注入丰富的教育目标和内容，并努力促进这两种形态的融合与统一。学风，体现了智趣教育"启智激趣，智趣融合"的价值追求。

学，理应伴随着快乐。积极的情绪、适当的强度、多样的方式、正面的激励，是实现学得快乐的必要条件。学，也能够带来快乐。感悟知识的价值、感受发现的愉悦、品味学科的优美、体验交往的乐趣，真正的学习是能产出快乐的。

玩，使人更聪明。勤观察，眼睛更明亮；善倾听，耳朵更敏锐；爱思考，大脑更机智；多实践，双手更灵巧。拥有聪明的脑，未来才能创新。玩，使人更温暖。在探索中发现自我，在共处中欣赏他人，在活动中观察社会，在服务中体验责任。拥有温暖的心，未来才会合作。

第三章
聚焦：智趣教育的培养目标

第一节　从教育目的到教学目标

目的性是教育活动的最基本特性。教育目的是把受教育者培养成为一定社会需要的人的总要求。它反映了一定社会对受教育者的要求，是教育工作的出发点和最终目标，也是确定教育内容、选择教育方法、检查和评价教育效果的根据。不同的教育主体在不同的教育领域、面对不同的教育对象时，对教育目的的理解与实践会形成不同的层次，以培养目标、课程目标、教学目标等形式将教育目的持续具体化。

一、教育目的

教育目的比较宏观、概括、抽象，通常以观念或思想的形式对教育产生作用。我国的教育目的一般以教育方针的形式出现。教育目的根据一定社会的政治、经济、生产、文化科学技术发展的要求和受教育者身心发展的状况而确定。因此，教育目的会随着时代发展而发生演变。自中华人民共和国成立以来，我国的教育方针也经历了一系列的历史演变过程。

1957年2月，毛主席在《关于正确处理人民内部矛盾的问题》的讲话中提出："我们的教育方针，应该使受教育者在德育、智育、体育几方面都得到发展，成为有社会主义觉悟的有文化的劳动者。"这是中华人民共和国成立后党和国家最高领导人对教育目的第一次做出概括性的表述。1981年，中共中央在《关于建国以来党的若干历史问题的决议》中提出："坚持德智体全面发展、又红又专、知识分子与工人农民相结合、脑力劳动与体力劳动相结合的教育方针。"1985年，中共中央颁布的《中共中央关于教育体制改革的决定》指出："教育所培养的人才都应该有理想、有道德、有文化、有纪律，热爱社会主义祖国和社会主义事业，具有为国家富强和人民富裕而艰苦奋斗的献身精神，都应该不断追求新知，具有实事求是、独立思考、勇于创造的科学精神。"这是国家在新的历史时期对教育目的做出的一次较为全面的概括。1993年，中共中央、国务院印发《中国教育改革和发展纲要》，要求各级各类学校认真贯彻"教育必须为社会主义现代化建设服务，必须与生产劳动相结合，培养德、智、体全面发展的建设者和接班人"的方针。2010年7月，中共中央、国务院印发的《国家中长期教育改革和发展规划纲要（2010—2020年）》明确指出："全面贯彻党的教育方针,坚持教育为社会主义现代化建设服务,为人民服务,与生产劳动和社会实践相结合,培养德、智、体、美全面发展的社会主义事业建设者和接班人。"

2018年9月10日,习近平总书记在全国教育大会上强调,坚持中国特色社会主义教育发展道路,培养德、智、体、美、劳全面发展的社会主义事业建设者和接班人。习近平总书记指出,"培养什么人"是教育的首要问题。我国是中国共产党领导的社会主义国家,这就决定了我们的教育必须把培养社会主义建设者和接班人作为根本任务,培养一代又一代拥护中国共产党领导和我国社会主义制度、立志为新时代中国特色社会主义奋斗终生的有用人才。这是教育工作的根本任务,也是教育现代化的方向和目标。

二、从教育目的到教学目标

教育方针是国家教育目的的总规定,是国家意志在教育上的体现。宏观、概括、抽象的教育方针并不能够总是在微观、具体、现实的教育活动中得到直接的体现。不同的教育主体在不同的教育领域、面对不同的教育对象时,对教育目的的理解与实践会形成不同的层次,以培养目标、课程目标、教学目标等形式将教育目的具体化。

培养目标是对教育目的的具体化。我国义务教育阶段的培养目标就是在教育方针的指导下,结合义务教育的实际而提出的。2001年,教育部印发了《义务教育课程设置实验方案》,明确了包含小学教育在内的我国义务教育阶段培养目标:全面贯彻党的教育方针,体现时代要求,使学生具有爱国主义、集体主义精神,热爱社会主义,继承和发扬中华民族的优秀传统和革命传统;具有社会主义民主法治意识,遵守国家法律和社会公德;逐步形成正确的世界观、人生观、价值观;具有社会责任感,努力为人民服务;具有初步的创新精神、实践能力、科学和人文素养以及环境意识;具有适应终身学习的基础知识、基本技能和方法;具有健壮的体魄和良好的心理素质,养成健康的审美情趣和生活方式,成为有理想、有道德、有文化、有纪律的一代新人。

课程目标在培养目标之下,它对特定科目的课程在特定学段所要达到的基本要求进行描述和规定,是对培养目标的具体化。我国从2001年开始实施新一轮课程改革,出台了各学科的课程标准,规定了学科课程的总目标,并根据内容领域和学段规定相应的学段目标。

课程目标进入学校、学年,直至具体的单元、课时后,进一步分解为学校某学科的总体目标、学年教学目标、单元和课时教学目标。

从教育目的到教学目标，对象范畴逐渐微观化，目标描述逐渐具体化，对教育主体活动的指导逐渐直观化。虽然，上层目标是提出和制定下层目标的依据，对各类教育主体在教育活动中制定下层目标时具有相应的规定和约束性，避免教育目的发生严重偏移或根本变异。但是，即使面对同一层次的教育目标，不同的教育主体在理解目标和分解目标时都会因主观、客观因素而产生较明显的差异。因此，建立相应的机制，努力使各层级教育目标保持价值趋同，主动限制教育活动中的目标偏移或变异，是一项有着重要意义的工作。从国家到地方、从学校到教师，都应为建立和实施这类机制共同努力。

第二节　基于学校的培养目标

从国家规定的教育目的，到教师实施的教学目标，教育目的并不能总是保持恒定。个体的差异、外在的影响，都会导致教育目的在层级转换过程中出现一些偏差。教学内容可能会被削减，也可能会被附加；难度可能会被降低，也可能会被提高；范围可能会被收缩，也可能会被扩大。这些偏差是否有理？是否合理？

一、建立学校培养目标的必要性

学校是国家教育目的的执行主体之一，负有坚持正确办学方向的国家责任和政治责任。学校需要结合自身的现实情况，确定一定发展周期内的办学宗旨和办学目标，才能将教育目的转化为对学校教育活动产生具体、直接指导作用的人才培养目标。

同时，学校还是落实教育目的的终端主体，对维护教育目的的整体性、全面性负有组织和指导的责任。教育目的在学校以下的各级组织（内设部门或学科组等）中被逐步分解为具体的领域、学科或学段培养目标，这种分解客观上影响了教育目的的整体性和全面性。学校提出符合本校实际情况的培养目标，有利于学校各部门、各学科形成教育合力，促进学生全面和谐发展。

学校是教育目的价值取向的传递枢纽，负有顺应环境、响应教育服务对象客观需求的社会责任。学校存在于特定的社会环境，可服务于特定的学生、家长和教师，有义务根据当地社会经济发展状况和学生、家长以及教师的现实需求，提出更有针对性的培养目标，以增强学校教育对当地社会环境的适应性、对服务对象的适应性。

学校也是一个不断进行自我完善的发展主体，负有促进自身发展的责任。只有客观分析自身发展的传统与现实基础，准确判断学校的竞争优势与不足，并在此基础上提出适切的、可行的阶段性培养目标，才能更有效地将教育目的内化为学校发展愿景，内化为师生和家长的共同意愿和目标，推动学校在一定的周期内稳健进步。

二、建立学校培养目标的可行性

《国家中长期教育改革和发展规划纲要（2010—2020年）》提出"把改革创新作为教育发展的强大动力"，鼓励地方和学校大胆探索和试验，建设现代学校制度。现代学校制度将"学校"作为自己的本质规定，更加重视教师的"教"和学生的"学"，并以此作为构建整个学校制度的法则。在现代学校制度的框架下，所有的规则体系都是围绕更好地促进学生发展来构建的，从而更加凸显了教育的独立性和学校的自主性。建立基于学校、利于学生的培养目标，符合国家教育政策导向，成为学校迈向制度建设现代化的共同选择。

《义务教育学校校长标准》提出，校长要"尊重学校传统和学校实际，提炼学校办学理念，办出学校特色"。办学特色最终将通过学校所培养人才的质量与规格来体现。校长作为学校的办学理念领导者，充分调动师生、家长参与学校特色建设的主动性和积极性，凝聚愿景，形成共识，有利于建立与学校特色发展相适应的学校培养目标。

具有一定办学历史的学校，都会有一些制度、精神方面的沉淀，形成较为独特的学校文化。学校文化不仅记录了学校"如何走来"，也会深刻地影响学校"未来如何走"。发掘学校办学历史和文化传承中的积极因素，选择并保留其中的优秀基因，让历史激励未来，用文化引领发展，可以对建立学校培养目标产生很好的支持作用。

由此来看，建立学校培养目标，对落实国家教育方针、办好人民满意的学校、促进学校和师生发展等都有着重要的意义。教育政策、现代学校治理理念，以及学校发展的客观规律，为建立学校培养目标提供了导向和支持。中小学校以教育方针为指南，以义务教育培养目标为基础，结合本地、本校实际，建立与自身发展相适应的培养目标，成为提高学校治理水平的重要工作内容。

第三节　学校培养目标设计原则

建立学校培养目标，要遵循全面性、全体性、主体性、实践性等原则，同时还要注意解决好体现学校特色、定位适度超前、形成目标体系、指标清晰可测等问题。

一、全面性

学校建立的学生培养目标体系，必须以党的教育方针为指导，坚持教育为社会主义现代化建设服务、为人民服务，把立德树人作为教育的根本任务，全面实施素质教育，培养德、智、体、美、劳全面发展的社会主义建设者和接班人，努力办好人民满意的教育。

学校培养目标要突出学校政治责任和国家责任，为国育才，为党育人，不能出现偏离办学方向的问题，不能包含与国家法律、法规和现行教育政策相抵触的目标。学校培养目标要坚持正确的价值导向，不能有与主流价值观、社会公共道德相冲突的内容。学校培养目标要体现依法治校的要求，不能存在侵犯或损害师生、家长合法权益的条目。学校培养目标要突出素质教育的基本理念，五育并举，全面发展，不能出现偏废发展领域的问题，不能片面强调与升学、考试相关的目标内容。研制学校培养目标要坚持系统思维，整体规划，综合考量，不能顾此失彼，挂一漏万，同时要防止不分主次，平均用力。

二、全体性

学校建立的学生培养目标体系，应该体现促进全体学生发展的要求。在设计目标的内容和要求时，要考量大多数乃至全体学生通过自身努力和适当教育之后是否能够达到。要发挥培养目标的导向和激励功能，通过有效的目标宣传和扎实的教育行动，引导学生逐步形成正确的发展观念，坚定实现培养目标的信心。

要处理好全体与个体的关系。一方面，目标体系和各项具体目标并非为特殊群体或典型个体而设计，要主动防止用部分或个别学生的发展状态来判定全体学生发展水平的倾向。另一方面，发展目标也应具备一定的弹性，对学生个体的评价坚持正面激励，既让脱颖而出者得到肯定，也为成长困难者增强自信。

三、主体性

学校建立的培养目标体系，应该坚持以学生发展为本的理念，确立学生在教育教学活动中的主体地位。目标的定位要立足于学生的全体发展、全面发展、和谐发展和持续发展，目标的要求要符合各学段学生的年龄特点，目标的内容要与学生的学习、生活紧密联系，目标的实施要依托学生在学校、家庭和社会活动中经历的各类课程与教育教学活动，目标的表述要以学生为主体，并易为学生理解和接受。

在制定培养目标时，应充分思考各项目标的评价问题，要定量评价与定性评价相结合、结果评价与过程评价相结合、单项评价与综合评价相结合。为体现培养目标的主体性，学校应创造条件让学生成为评价主体，包括鼓励、指导学生开展自我评价和同伴评价等。

四、实践性

学校建立的培养目标体系，是学校为落实教育方针而开展的各种教育实践的标靶，既通过教育实践而达成，又能够精准指导教育实践。首先，目标设定要注意可操作性，尽量明确实现目标的途径和方法，引导师生通过具体的教育实践活动促进目标达成。其次，目标设定要注意连贯性，尽可能合理地划分实现最终目标的过程或阶段，循序渐进。第三，目标设定要注意适应学校的地域特点，尊重学校的文化积淀，符合学校的发展现实。脱离学校实际或者是不能为师生所认同的培养目标，无法在实践中推进，或者是不具备实现的条件，最终只能束之高阁。最后，目标表述要尽可能简洁、清晰，避免产生歧义。

在研制学校培养目标的过程中，还有以下几个值得注意的问题：

一是在培养目标与学校特色之间建立相互促进的关系。一套科学的学校培养目标，既基于学校的特色，也凸显学校的特色。学校办学特色为学生发展创造了更好的条件，是学校教育促进学生成长的已有优势，学校自然会对学生在办学特色领域的发展寄予更高的期望。同时，当学生在培养目标的指引下，在特色领域获得更优越的发展机会，经历更丰富的教育活动，形成更卓越的发展成就时，也能进一步增强学校办学特色的成效说服力和社会美誉度。可以说，在培养目标与学校特色二者间的互动中，学生既是受益者，也可以成为奉献者。

二是在办学传统和教育改革之间建立内在联系。科学的学校培养目标既要尊重传统，更要面向未来。学校的优良办学传统不应该被固化，而应该努力让它充满生机与活力。办学传统应与时俱进，才能适应教育改革与发展的趋势。不能简单地将教育改革与发展的新命题、新热点、新思路复制、套用到学校的教育实践中，只有与校情有机结合，与传统深度融合，才能真正成为引领和推进学校发展的新动力。"历史照亮未来"，学校培养目标着眼于未来，而学校的优良传统散发的光芒可以让学校的未来更加光明。

三是努力将学校培养目标结构化，形成目标体系。从纵向来看，学校培养目标体系以总体目标为顶层，可以逐级分解为领域目标、学科目标、学段目标，最后表述为具体指标。如从总体目标中分解出次级目标"健康素养""爱生命"，再到第三级目标"关爱生命，力行环保"，第四级目标可落实到具体的学段或课时目标。从横向来看，领域目标可以根据项目分类，体现目标的覆盖面，如把"学习素养"分解为"勤积累""悟学法""敢创新"，项目之间为并列关系，在不同学段都可提出更加具体的要求；也可以将领域目标按递进关系分类，体现目标的连贯性，如把"劳动素养"分解为"善自理""能助人""乐公益"，不同的学段侧重不同，持续提升学生劳动素养。

四是尽量采用规范的目标描述方式，让具体指标不仅清晰易懂，而且可操作、可测评。可以用"知道""了解""认识""理解""懂""明白"等行为动词表述认知类的指标，如"了解毒品危害的简单知识""明白劳动能使人更聪明的道理"等。可以用"能够""可以""会"等行为动词表述能力类的指标，如"会整理自己的书包"。可以用"参与""经历""体验""探索"等行为动词描述过程类的指标，如"参与学校或班级组织的公益活动""获得克服困难、坚持锻炼的体验"等。

第四节　智趣教育培养目标体系案例

2016年，为落实学校发展规划提出的"构建学生发展目标体系"的管理目标，中山市实验小学向中山市教育科学规划办公室申报研究课题"核心素养导向下智趣教育学生发展目标体系建构与实践研究"，获批准立项，并成为市级重点课题。2018年完成课题研究基本任务，通过结题验收。

核心素养导向下智趣教育学生发展目标体系建构与实践研究

一、智趣教育学生发展的基本理念

智趣教育是教育者依据一定的教育教学要求，通过相应的教育教学活动，促使学生智慧和情趣领域发生积极变化，形成新的智慧与情趣品质的过程，是一种以促进人的发展，进而促进社会发展为目的的教育。

智趣教育的核心内涵是"启智激趣，智趣交融"。从教育者的角度理解，教育教学活动不应是简单的知识灌输，也不能是机械的道德规训。教育教学既要启迪学生的智慧，也要发展学生的情感情趣，并且努力把二者相互融合。从学生的角度理解，掌握知识并不足够，将知识和获取知识的过程经验转化为智慧是更值得追求的；道德是以情感为基础的，没有情感的道德是虚伪且经不住考验的，只有在真实情感驱动下的道德行为才能获得真正的道德满足感，才能真正让人生变得有意义。

中山市实验小学的校训是"求实、多思、进取、成材"。站在学生立场看校训，"求实"要求学生在小学阶段养成勤奋学习的良好习惯，理解学习规律，掌握学习方法，夯实知识和技能基础，为未来的学业成长做好准备。"多思"引导学生在学习和生活中体验思考的意义与乐趣，只有经过独立思考、主动建构才能获得真正的知识，在追求真理的道路上，即使犯错，也会离真理更近一步。"进取"鼓励学生为自己树立目标，不断超越自我，坚信自己能变得更好；理解创新、尊崇创新，锤炼敢于创新的品质。"成材"鞭策学生从小立志，树立正确的价值观，把个人的志向与国家、民族的梦想结合起来，把个人的未来与国家、民族的复兴结合起来。

中山市实验小学的学风是"学得快乐，玩得聪明"。学与玩，是儿童成长

最主要的两种形态。习惯认知是"学得聪明,玩得快乐",而中山市实验小学则对此进行一次"跨界对接",倡导"学得快乐,玩得聪明"。学校认为,教育要顺应儿童成长的自然规律与社会规律,在学与玩中注入丰富的教育目标和内容,并努力促进这两种形态的融合与统一。学风,体现了智趣教育"启智激趣,智趣融合"的价值追求。

学,理应伴随着快乐。积极的情绪、适当的强度、多样的方式、正面的激励,是实现学得快乐的必要条件。学,也能够带来快乐。感悟知识的价值,感受发现的愉悦,品味学科的优美,体验交往的乐趣,真正的学习是能产出快乐的。

玩,使人更聪明。勤观察,眼睛更明亮;善倾听,耳朵更敏锐;爱思考,大脑更机智;多实践,双手更灵巧。拥有聪明的脑,未来才能创新。玩,使人更温暖。在探索中发现自我,在共处中欣赏他人,在活动中观察社会,在服务中体验责任。拥有温暖的心,未来才会合作。

二、智趣教育学生发展的总体目标

基于智趣教育的基本理念和学生发展理念,"核心素养导向下智趣教育学生发展目标体系建构与实践研究"课题组提出智趣教育学生发展总体目标(2016—2019年):

(1)涵育初心。初步形成爱国、爱党、爱社会主义的政治品质,培养并践行社会主义核心价值观。

(2)全面发展。德、智、体、美、劳五育并举,和谐发展。

(3)合作创新。奠定终身学习、适应未来的能力基础。

(4)勤奋学习。扎实掌握基础知识、基本技能,积累有效的学习方法。

(5)健康生活。关爱生命,保护环境;养成健康的生活方式,掌握适当的运动技能。

(6)尚美育心。培养艺术兴趣、爱好和特长,逐步增强审美能力;情感发育健康,心理品质良好,会用正确的方式表达、调适和控制情感。

智趣教育学生发展总体目标(2016—2019年),是为适应学校新一轮发展的内外部环境及需求,针对学生发展而提出的总体期望。总体目标分6个方面表述,前3个方面是总述性的目标,后3个方面是分述性的目标。

"涵育初心"落实教育方针所规定的国家责任和政治责任,把培养"接班人"视作学校教育的主责;同时尊重学生成长规律,从最基础、最朴素的政治品质方面提出培养目标。"涵育初心"确定了智趣教育学生发展目标体系的方向性原则。

"全面发展"突出素质教育的基本要求，把学生视作完整的人，把学校教育作为促进学生全面发展的根本渠道。五育并举并不意味着平均用力，"和谐发展"的意旨在于，在全面发展的前提下，学生个性发展的需求应该得到尊重和满足。"全面发展"确定了智趣教育学生发展目标体系的范畴性原则。

"合作创新"明确了学校对学生适应未来社会生活所应具备的关键能力的判断。未来社会属于善于合作、敢于创新的人。合作和创新的意识来自对价值的深切认同，合作和创新的能力来自丰富的实践体验，合作和创新的精神来自沟通、理解和尊重，这些意识、能力和精神都需要从小培养。"合作创新"确定了智趣教育学生发展目标体系的发展性原则。

"勤奋学习"融合了关于掌握各科基础知识、基本技能的发展目标，突出了掌握适当学习方法的目标要求。

"健康生活"融合了生命教育和健康教育的发展目标，突出了健康的生活方式与掌握适当的运动技能的目标要求。

"尚美育心"融合了审美教育和心理健康教育的发展目标，突出了对学生情感发育和心理健康的目标要求。

智趣教育学生发展总体目标（2016—2019年）全面落实义务教育的培养目标，尊重学校传统和现实基础，体现对学生未来发展的理性期待，成为学校、师生在一定时期内的核心价值追求。

三、智趣教育学生发展目标体系图说

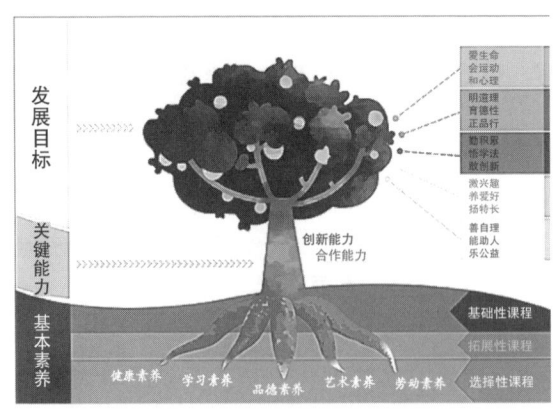

图1　智趣教育学生发展目标体系概念图

为直观说明智趣教育学生发展目标体系,以及发展目标与学校课程建设间的相互联系,课题组绘制了图1所示的智趣教育学生发展目标体系概念图。

图意概述为:"三级课程为土壤,五种基本素养为根系,两个关键能力为主干,十五类发展目标为分枝,各项具体目标为果实。"

四、智趣教育学生发展目标体系的构建过程

学生发展核心素养,主要指学生应具备的适应终身发展和社会发展需要的必备品格和关键能力。研究学生发展核心素养是落实立德树人根本任务的一项重要举措,也是适应世界教育改革发展趋势、提升我国教育国际竞争力的迫切需要。

2016年9月13日,中国学生发展核心素养研究成果发布。中国学生发展核心素养以培养"全面发展的人"为核心,分为文化基础、自主发展、社会参与3个方面,综合表现为人文底蕴、科学精神、学会学习、健康生活、责任担当、实践创新等六大素养。各素养之间相互联系、相互补充、相互促进,在不同情境中整体发挥作用。为方便实践应用,将六大素养进一步细化为18个基本要点,并对其主要表现进行了描述。

研究成果同时也指出:根据这一总体框架,可针对学生年龄特点进一步提出各学段学生的具体表现要求。

然而,教育理论工作者和实践工作者对此研究成果也提出了一些不同的看法。有人认为6大素养、18个基本要点包罗万象,有些并非"核心",但也很难界定哪些更为"核心";有人认为真正面向21世纪的核心素养如"合作""批判"等并未纳入体系,颇为遗憾;还有人认为素养分类不科学,基本点之间多有交叉重叠之嫌,等等。

"核心素养导向下智趣教育学生发展目标体系建构与实践研究"课题组基于对中国学生发展核心素养研究成果的学习和领悟,结合小学教育的目标与内容,依据小学生身心发展的特点与规律,立足于智趣教育的基本理念和发展方向,提出符合学校实际的学生发展目标研究思路。

智趣教育学生发展目标体系经历了以下的构建过程:

第一,在"中国学生发展核心素养"研究成果尚存争议的背景下,学校不能盲目"蹭热点",不能生搬硬套地将其作为课题理论基础。鉴于小学阶段以培养基础能力为主要目标,课题组决定调整研究背景,着眼于学生的全面发展,提出"基本素养"的概念,从健康素养、品德素养、学习素养、艺术素养

和劳动素养五个方面来阐述其基本内涵。

虽然在2018年全国教育大会召开前，劳动教育暂未正式纳入教育方针，但教育行政部门和教育理论界已经开展了较长时间的政策推动和专题研究。课题组从中捕捉到基础教育发展的新趋势，决定把"劳动素养"列入学生发展目标体系，并深入讨论了该素养在新的历史时期应体现的价值观念、应包含的教育内容、应达到的培养目标。

第二，将五个方面的基本素养视为总体目标的五个领域，进一步分解为15个项目目标，分别对每个项目目标进行内涵界定。同一领域的3个项目目标之间，或存在并列关系，体现领域目标的覆盖面；或存在递进关系，体现领域目标的连贯性。

课题组对照现行的义务教育培养目标（见2001年教育部发布的《义务教育课程设置实验方案》），确认义务教育培养目标各项要求在本课题提出的15个项目目标中均得到体现和落实。同时，课题组对照学校发展规划中关于学生发展的目标内容，认为这15个项目目标更为具体地体现了学校发展规划的总体要求，也较好地突出了智趣教育的办学特色，符合学校基本实际和发展方向。

第三，进一步按学段（1–2年级、3–4年级、5–6年级）分解项目目标，称为具体目标。具体指标不仅清晰易懂，而且可操作、可测评。具体指标一般都指向确定的学科、确定的知识内容，并且提示了落实目标的教学与活动形式，或提示了目标的测评方式。

细化描述具体目标时，尽量采用规范的目标描述方式，用"知道""了解""认识""理解""懂""明白"等行为动词表述认知类的指标，用"能够""可以""会"等行为动词表述能力类的指标，用"参与""经历""体验""探索"等行为动词描述过程类的指标。

第四，与学校课程规划进行整合，设计并实施基础性课程、拓展性课程和选择性课程，为推进目标达成提供课程渠道。智趣教育学生发展目标体系的构建过程，同时成为智趣教育学校课程规划的研究与实践过程。

例如，为落实"品德素养"领域的3个项目目标——"明道理""育德性""正品行"，课题组对照义务教育培养目标，先系统地梳理了小学《品德与生活》《品德与社会》（后调整为《道德与法治》）课程标准和教材内容，排查课程缺漏，补齐内容短板，结合学校传统，完善了学校拓展课程系统，设计了"主题教育系列""校园文化系列""社会实践系列"拓展课程，同时积极开发"孙中山文化系列""仪式体验系列""'八德'教育系列""爱校教育系列"拓展课程，全面落实义务教育培养目标中的德育目标要求。

五、基本素养（领域目标）内涵界定

健康素养：指学生在生命安全、运动与健康和身心和谐等方面的认知、情感和行为表现。

品德素养：指学生在家庭生活、集体生活和社会活动中，个人品行、公共道德、社会责任和国家认同等方面的认知、情感和行为表现。

学习素养：指学生在各学科课程中理解和掌握基础知识和基本技能、形成正确的学习态度和学习习惯、逐步掌握学习方法和学习策略等方面的综合表现。

艺术素养：指学生在发现与感受美、欣赏与评价美以及表达和创造美的活动中，积累艺术知识、技能与方法，逐步形成健康的审美价值取向，在激发兴趣、培养爱好、发展特长等方面的能力与表现。

劳动素养：指学生在生活自理、服务他人和社会实践的过程中，形成正确的劳动价值观、劳动责任感和荣誉感，在尊重劳动、参与劳动、善于劳动等方面的认知、情感和行为表现。

六、由基本素养（领域目标）分解而成的项目目标及其内涵界定

1. 健康素养

（1）爱生命：了解生命的意义和价值，逐步形成珍惜生命、尊重生命、热爱生命的态度；掌握必要的安全知识，参与各种安全技能的学习活动。

（2）会运动：理解健康生活的意义，掌握必要的健康知识，初步形成健康的生活方式；坚持参与体育运动，掌握运动技能，选择并培育1到2项体育运动特长。

（3）和心理：了解必要的心理健康知识，掌握一定的情绪管理和心理调适方法，形成正确的人际交往认知，培育自信、乐观等积极的心理品质。

2. 品德素养

（1）明道理：理解并掌握必要的关于个人品德修养、社会公共道德和政治、法律知识，逐步形成正确的道德观念、法律意识和政治品质。

（2）育德性：在道德认知的基础上，经历各类品德教育活动，获得一定的体验和感悟，促进道德情感与道德意志的发展。

（3）正品行：遵守《小学生守则》等规章制度和纪律，逐步养成敬师长、

爱伙伴、忠国家、守诚信、遵法纪、担职责、修品格、勤自省等道德品行。

3. 学习素养

（1）勤积累：主动学习，形成正确的学习态度，养成良好的学习习惯；掌握各学科知识和技能，达到课程标准要求；拓宽视野，广泛阅读，主动丰富自己的人文和科学知识。

（2）悟学法：自主学习，体验、积累并逐步掌握适合自身的学习方法；参与合作学习活动，体验合作的意义，掌握一些在合作中学习和解决实际问题的技能。

（3）敢创新：独立思考，勇于发表自己的发现与看法；掌握一定的信息技术技能，善于运用信息技术获取、选择、运用资源；乐于了解科学技术发展的新成果。

4. 艺术素养

（1）激兴趣：参与各类艺术课程的学习与活动，主动尝试并选择适合自己的艺术项目，感受并分享参与艺术学习和艺术活动时产生的愉悦，逐渐培养对艺术的兴趣。

（2）养爱好：积累艺术知识、技能，具有初步的艺术评价和欣赏能力；坚持参加自己喜欢的艺术活动项目，不断增强学习艺术的自信心和意志力。

（3）扬特长：选择并培育1到2项艺术特长，乐于展示自己在艺术学习中的进步与成果，创造条件参与各类艺术竞赛活动，主动发展艺术方面的个性。

5. 劳动素养

（1）善自理：自己能做的事情自己做；掌握必要的生活自理技能，不依赖他人；在自理过程中学会动脑筋、重细节。养成自我管理的习惯，重坚持。

（2）能助人：他人需要的事情帮着做。感受帮助他人带来的快乐与幸福，培养助人为乐的品质；主动承担力所能及的家务、班务、校务，增强自己做事的能力。

（3）乐公益：社会倡导的事情争着做。关注公益时事，理解公益精神，逐步形成正确的公益观念；选择适合自己的公益活动，主动参与，并分享自己的体验和快乐。

七、项目目标按学段分解为具体目标（以健康素养为例）

以健康素养为例，根据《中小学健康教育指导纲要》，立足于学生的核心素养，结合对智趣教育的实践研究，我们对学生在生命安全、运动与健康和身心和谐等方面的认知、情感和行为表现提出以下具体发展目标。

1．爱生命

水平一（小学1-2年级）

（1）认知。了解保护眼睛和牙齿的知识；了解自己的身体，学会自我保护；了解道路交通和玩耍中的安全常识；了解环境卫生对个人健康的影响；懂得经常开窗通风；知道正确的刷牙方法以及选择适宜的牙刷和牙膏；知道正确的洗手方法；知道个人卫生习惯对健康的影响；知道偏食、挑食对健康的影响；知道疾病的基本传播途径。

（2）情感。通过栽培植物、饲养小动物，观察、体验生命；懂得个人健康与生命之间的联系；逐步养成良好的个人卫生习惯。

（3）行为。不随地吐痰，不乱丢果皮、纸屑等垃圾；咳嗽、打喷嚏时要遮掩口鼻；勤洗澡、勤换衣、勤洗头、勤剪指甲；不共用毛巾和牙刷等洗漱用品；不随地大小便，饭前便后要洗手；正确的身体坐、立、行姿势，预防脊椎弯曲异常；正确的读写姿势；正确做眼保健操的基本动作；每天早晚刷牙，饭后漱口；每日适宜饮水，多喝白开水；吃好早餐，一日三餐有规律；经常喝牛奶，食用豆类及豆制品，有益生长发育和健康；文明如厕，自觉维护厕所卫生。

水平二（小学3-4年级）

（1）认知。了解保护眼睛、预防近视眼知识，学会合理用眼；了解食品卫生基本知识；初步学会合理安排课外作息时间；初步了解烟草对身体的危害；了解肠道寄生虫病、常见呼吸道传染病和营养不良等疾病的基本知识及预防方法；了解容易导致意外伤害的危险因素，熟悉常见的意外伤害的预防与简单的处理方法；了解日常生活中的安全常识，掌握简单的避险与逃生技能。

（2）情感。初步树立食品卫生意识；初步了解生命的意义和价值；树立保护生命的意识。

（3）行为。读书写字、看电视、用电脑的卫生要求；预防近视（认识近视的成因、学会合理用眼、注意用眼卫生、定期检查）；预防眼外伤；不吃不洁、腐败变质、超过保质期的食品；生吃蔬菜、水果要洗净；摄入人体所需的主要营养素；生活垃圾分类放置；避免被动吸烟。

水平三（小学5-6年级）

（1）认知。了解健康的含义与健康的生活方式，初步形成健康意识；了解营养对促进儿童少年生长发育的意义，树立正确的营养观；了解食品卫生知识，养成良好的饮食卫生习惯；了解烟草对健康的危害，树立吸烟有害健康的意识；了解毒品危害的简单知识，远离毒品危害；掌握常见肠道传染病、虫媒传染病基本知识和预防方法，树立卫生防疫意识；了解常见地方病如碘缺乏病、血吸虫病对身体的危害，掌握预防方法；了解青春期生理发育的基本知识，初步掌握相关的卫生保健知识；了解日常生活中的安全常识。

（2）情感。逐步形成重视健康、珍惜生命、尊重生命、热爱生命的生活态度。

（3）行为。膳食以谷类为主，多吃蔬菜水果和薯类，注意荤素搭配；日常生活饮食应适度，不暴饮暴食，不盲目节食，适当吃些零食；购买包装食品应注意查看生产日期、保质期、包装有无涨包或破损，不购买无证摊贩销售的食品；不食容易引起食物中毒的常见食品（发芽土豆、不熟扁豆和豆浆、毒蘑菇、新鲜黄花菜、河豚等）；不采摘、不食用野果、野菜；了解体育锻炼时自我监护的主要内容（主观感觉和客观检查的指标）；发现视力异常，要到正规医院眼科进行视力检查、验光，掌握戴眼镜的卫生要求；不吸烟、不饮酒；懂得自我保护的常识和简单方法；远离毒品。

2．会运动

水平一（小学1-2年级）

（1）认知。了解合理安排锻炼时间的意义；能够说出身体各部位所做的简单动作的术语，如转头、侧平举、体侧屈、踢腿等；说出所做的简单全身动作的术语，如蹲起、踏步、滚动、跳跃等。

（2）情感。对体育课表现出学习兴趣，乐于参加各种游戏活动，认真上好体育课；体验参加不同项目运动时的心理感受，如紧张、兴奋等；体验体育活动中身体疲劳时的心理感受。

（3）行为。做出基本的身体活动动作，如在体育游戏活动中完成多种形式的走、跑、投、抛、接、挥击、攀、爬、钻、滚动和支撑等动作。初步学会常见的球类游戏，如学习小篮球、小足球、乒乓球等适合本水平学生学习的球类游戏。学习一些体操类活动的基本动作，如学习横队和纵队看齐、向左（右、后）转、立正、稍息、踏步、齐步走、站立、蹲立、仰卧、纵叉、横叉等基本体操动作；棍、球、绳等器械体操动作；多种个人和集体的舞蹈动作、韵律动作等。学习一些游泳或冰雪活动的基本动作，如学习水中呼吸、蛙泳的基本动作等。学习一些武术类活动的基本动作，如学习基本手型、抱拳、马步、蹬腿、冲拳等简单的武术基本动作，3~5个简单动作组成的动作组合等。学习其他一些简单的民族、民间传统体育项目的基本动作，如学习滚铁环、抽陀螺、荡秋千、跳皮筋、跳绳、踢毽子等活动的基本动作。

水平二（小学3-4年级）

（1）认知。知道球类运动技术术语，如投篮等；知道体操动作术语，如前滚翻等；知道武术动作术语，如马步冲拳等；知道舞蹈或韵律活动动作术语，如舞蹈中的跑跳步等；知道田径动作，如起跑等。

（2）情感。乐于学习和展示简单的运动动作。体验身体健康状况变化时的心理感受；体验身体健康变化时注意力、记忆力的不同表现；体验身体健康变化时情绪的不同表现；体验身体健康变化时意志的不同表现。

（3）行为。完成多种基本的身体活动动作，如在体育游戏活动中完成曲线跑、合作跑、持物跑，单、双脚连续向高和向远跳跃，单、双手的投掷和抛物，有一定速度要求的攀、爬、钻等动作。初步掌握几项球类活动的基本方法，如初步掌握小篮球、小足球、羽毛球、乒乓球或其他新兴球类活动的基本方法。初步掌握一些体操类活动的基本动作，如初步掌握有队形的跑步走、齐步走变跑步走、各种队列队形变换，爬绳、爬竿，单杠、双杠、山羊、垫上等体操的基本动作，健美操、校园集体舞等韵律活动和舞蹈动作。初步掌握一些游泳的基本动作，如初步掌握蛙泳的基本动作，并进行一定距离的动作练习等。学习水中呼吸、蛙泳的基本动作等。初步掌握一些武术类活动的基本动作，如初步掌握武术的基本动作、6~8个简单动作组成的武术套路等。初步掌握其他一些简单的民族民间传统体育活动的基本动作，如掌握荡秋千、跳皮筋、跳绳、踢毽子等活动的基本动作。

水平三（小学5-6年级）

（1）认知。知道如何在运动中避免危险；知道不按规则运动和游戏会导致身体受到伤害；知道在安全的环境中运动和游戏。

（2）情感。主动参与运动动作的学习，主动观察和评价同伴的运动动作；体验心理健康对身体健康的作用；了解身心之间的关系；体验心理状态对身体健康的影响；体会运动愉快感的获得对人们坚持体育锻炼的影响；初步形成健康的生活方式。

（3）行为。完成有一定难度的基本身体活动动作，如完成后蹬跑、连续纵跳摸高、急行跳跃、各种方式的投掷动作，完成有一定速度要求的滑步、攀、爬、钻、滚动、滚翻等动作。基本掌握一些球类运动项目的技术动作组合，如初步掌握小篮球、软式排球、小足球、羽毛球、乒乓球、短拍网球或其他新兴球类运动项目的技术动作组合。基本掌握一些体操类运动的简单技术动作组合，如初步掌握有一定难度的队形变换和队列动作，单杠、双杠、山羊等器械体操和技巧的简单技术动作组合，健美操、街舞、啦啦操、校园集体舞等韵律活动和舞蹈的简单成套动作。基本掌握一些游泳基本动作，如在基本掌握蛙泳基本技术的基础上，提高相应的速度等。基本掌握一些武术套路，如能够做出少年拳、地方特色拳种、8~10个简单动作组成的武术套路等。基本掌握其他一些有一定难度的民族、民间传统体育项目的基本动作，如初步掌握竹竿舞、花样跳绳、抖空竹、踢花毽等项目的基本技术。

3．和心理

水平一（小学1-2年级）

（1）认知。认识班级、学校、日常学习生活环境和基本规则（适应环境）；认识到自己的社会角色——小学生，并为做一名小学生感到自豪；认识到自身的身体特征、活动特征及性别；初步认识自己与教师、父母、同伴的关系，知道被人爱和爱别人；会借助别人的评价认识自我。

（2）情感。初步感受学习知识的乐趣（适应课堂）；培养礼貌友好的交往品质，乐于与老师、同学交往，在谦让、友善的交往中感受友情（适应群体）；有安全感和归属感，初步学会自我控制（融入群体）；能够适应新环境、新集体和新的学习生活，树立纪律意识、时间意识和规则意识（适应角色）。

（3）行为。学会观察，并掌握简单的观察方法，如顺序法、比较法；养成注意习惯，注意的稳定性有所提高，具有一定抗干扰能力；言语表达能力与思维能力和谐一致；在机械记忆的基础上，初步懂得意义记忆；充分发挥无意想象，并向有意想象过渡；在直观动作思维的基础上积极发展形象思维；具有日常生活方面的基础概念；学习习惯的培养与训练；对学习有好奇心和求知欲；能够与同学友好交往；注意到多变的事物和环境；具有一定的自我清洁、自我保护的自理能力；学习过程中遇到不懂的问题能够及时提问；乐于与老师、同学交往，初步建立人际关系、认识角色任务，建立良好的行为习惯；有班级归属感和集体荣誉感；在好行为、好习惯的训练中培养"做一名好学生"的意识；学会体谅他人，诚实待人。

水平二（小学3-4年级）

（1）认知。了解自我，认识自我；初步具有一定的学习能力；能够初步认识自己的兴趣、优点及缺点；认识到身体的变化，如身高、体重等；自我评价，接受同伴评价；初步认识到自己在班集体中的地位。

（2）情感。悦纳自己，积极接受自己；具有学习兴趣和探究精神，自信，乐于学习；树立集体意识，自主参与各种活动；在学习生活中感受解决困难的快乐，学会体验情绪并表达自己的情绪（情绪管理）。

（3）行为。学会助人，乐于奉献；懂得与人分担忧愁、分享快乐，合群；

善于与同学、老师交往；积极克服嫉妒、任性等不良性格特征；不过分强调自我，有适度的自尊，诚实，具备开朗、合群、自立的健康人格（自我意识）；勇于承担责任，具有责任心；能够对事情做出自己的判断；初步懂得趋利避害，能够建立正确的角色意识，适应不同社会角色（集体意识）；能够表达自己的情绪（情绪管理）；增强时间管理意识，能够正确处理学习与兴趣、娱乐之间的矛盾（时间管理）；具有非言语交往的技能；学会原谅，能够主动促进人际关系和谐发展。

水平三（小学5-6年级）

（1）认知。认识自己的性格、兴趣、学习动机等；认识到自己在集体中的地位及人际关系；关心自己的成绩，对未来有所考虑；关心自己的身体变化，了解青春期的一些基本知识；在他人评价的基础上，有自己的评价标准；具备羞愧委屈感、自尊感。

（2）情感。在各种活动中悦纳自己；体验学习成功的乐趣；正确面对厌学等负面情绪，学会恰当地、正确地体验情绪和表达情绪；强化亲社会行为，逐步认识自己与社会、国家和世界的关系（社会责任意识）；具有相对稳定的情绪、情感；情感具有可控性，能够适度表露各种情绪、情感；培育自信、乐观等积极的心理品质。

（3）行为。有较为稳定的兴趣爱好；能够形成自己的学习兴趣和学习能力，端正学习动机，调整学习心态，正确对待成绩；能坦然面对青春期身体所出现的新变化（青春期教育）；与异性进行恰当的交往，建立和维持良好的异性同伴关系，扩大人际交往的范围；积极主动克服学习困难，提升分析问题和解决问题的能力，为初中阶段的学习生活做好准备（中小衔接）。

第五节　培养目标转化为教育实践活动的案例

　　2016年11月，教育部等11个部门联合出台《关于推进中小学生研学旅行的意见》，要求中小学要以立德树人、培养人才为根本目的，因地制宜开展研学旅行。中山市实验小学落实意见要求，积极开展相关工作的研究。学校要求相关部门和学科整体把握研学旅行的意义和目的，从课程建设层面构思活动方案，从学校培养目标层面设计内容并提出具体要求，认真策划组织。经过近两年的探索实践，由"小眼睛看大中山""小眼睛看大广东""小眼睛看新时代""小眼睛看新科技"等4个主题构成的社会实践—研学旅行拓展课程初步形成系列。学校向广东省教育科学研究院申报专项课题《"小眼睛"系列研学旅行课程内容的设计与开发》获批准立项。

小眼睛看大中山

春风醒了，春雨醒了 / 孩子心里的问题种子们也醒了
走，带上这些种子 / 我们一起走进中山的春天里。

走进智慧健康小镇 / "健康生活"的种子问
酱油为什么要晒足180天 / 吃多少酱油才是健康的？

走进游戏游艺小镇 / "工业制造"的种子问
坐过山车为什么不会掉下来 / 摩天轮又是怎样上天的？

走进灯饰特色小镇 / "文化创意"的种子问
一盏灯怎么就变成了艺术品 / 一盏灯里又包含了多少新科技？

走进翠亨新城区 / "城市规划"的种子问
来看看，开发区究竟开发些什么 / 快找找，大人们总在说的那座桥到底在哪里？

小眼睛睁得圆圆的 / 大中山，竟然有这么多神奇
小眼睛眨得亮亮的 / 大中山，明天肯定会更美丽！

一、案例概况

2017年4月，中山市实验小学全校1840多名学生、120多位教师、近400名学生家长参与了学校组织开展的以"小眼睛看大中山"为主题的春季研学旅行活动。

六个年级，分别以港口镇、古镇镇、火炬开发区和翠亨新区4个镇区为出游方向，选择了广东游戏游艺文化产业城、翠亨新区规划馆、灯文化博物馆、星光联盟、华艺广场、厨邦酱油博物馆、大象蜡像艺术馆和云顶星河等10多个研学地点。

学校为不同年段的学生"量身定制"研学内容：一年级开展的是"火炬开发区智慧健康小镇亲子游"，二、三年级是"港口镇广东游戏游艺文化小镇之旅"，四、五年级是"古镇镇灯饰特色小镇之旅"。六年级研学旅行为期两天，研学地点从中山延伸到珠海，开展的是"翠亨新区、海洋王国之旅"。

由于活动开展前经过了多方商讨、周密策划，并进行了有效的宣传动员、安排布置，各条线路组织安全有序，活动新颖有趣，学生体验充分。主题鲜明而富有时代感，内容新颖而贴近学生实际。因此此次活动很快引来了社会各界的关注和赞赏。各班学生家长微信群持续刷屏，家长们从不同角度肯定了活动的意义和成效；南方日报派出几路记者跟踪采访，现场网络直播点击率位居当日排行榜前列；电视台进行了新闻报道；教育部门通过专项研讨会分享了活动的经验。

2017年10月，秋季研学旅行活动启动，更为完善的研学内容设计、更具地域特色的研学地点、更有趣味性的DIY体验活动、更有探索性的研学小课题被吸纳采用，"小眼睛看大中山"努力实现着更新升级。

二、案例解读

背景：2016年11月，教育部等11个部门联合出台《关于推进中小学生研学旅行的意见》，要求中小学要以立德树人、培养人才为根本目的，因地制宜开展研学旅行。中山市实验小学根据意见精神，结合中山市"建设充满创新活力的和美宜居城市"的发展目标，决定开展"小眼睛看大中山——中山特色小镇系列研学旅行活动"。

思路：学校提出春季研学旅行活动要"走进春天，走进大自然，走进游乐场",也要"走进工厂,走进新农村,走进中山特色小镇"。秋季研学旅行活动进一步明确了活动的价值追求,要求活动充分体现学校的学风,即让学生"学得快乐,玩得聪明"。改变传统春、秋游活动"重游玩轻研学"的倾向,为这类活动赋予更多的教育意义,使研学旅行活动成为学生发展的新课堂、新平台。

目标:学校期待研学旅行活动能在孩子们心里播下3颗种子:一颗情感种子——感知城市建设新成就,增进热爱祖国、热爱家乡的情感;一颗智慧种子——拓宽视野,渗透更丰富的社会、科学、经济、人文知识;一颗能力种子——体验探究学习、合作学习等新型学习方式,积累活动经验。

内容:学校针对不同年龄段的学生设计了丰富多样的研学内容,涉及"健康生活""工业制造""文创产业""城市发展"等多个知识领域。"酱油为什么要晒足180天?""坐过山车为什么不会掉下来?""一盏灯为什么会变成艺术品?""开发区究竟开发些什么?"一个个研学问题既充满童趣,又启发学生们思考。

形式:生产流水线旁的观摩、现场技术人员的讲解、DIY制作体验、镇区和学校领导的启发、博物馆里的寻宝等,每条线路都有精彩的项目吸引学生参与其中。在蜡像馆里跟孙悟空合影,在规划馆里听校长分享一座城市的梦,在组装鲁班锁时感悟传统工艺的智慧,在绘制灯罩时发挥艺术的创意,看、听、想、记、拍、写、画、问、说、做,不亦乐乎,乐而忘返。

成效:在活动执行方面,实现了安全有序无事故的承诺,为学校今后组织此类大规模校外社会实践活动积累了经验;在学生成长方面,达到了充分体验、感受深的效果,预期的教育目标通过各种形式得到实现和印证;在教师发展方面,产生了扩展视野拓思路的作用,许多学科教师在活动中发掘到了更多更好的研学问题,转变了教学观念;在社会反应方面,形成了普遍认同、赞誉多的局面,为学校在这方面的深化改革建立了良好的社会舆论基础。

三、案例启示

类似研学旅行的学校综合活动,都有涉及人数多、投入资源多、筹备时间长、实施难度大、管理风险高等特点。如果策划主题立意不高,就很可能流于形式,难以发挥应有的教育意义。相反,如果从策划开始就与学生发展核心素养、学生发展目标建构内在联系,从课程层面进行整合和规划,则有可能催生出多个领域、多个层面的丰富教育成果,不仅实现高投入、带来高产出,还能促使校本活动逐渐迈向课程化，为核心素养导向下的学生发展目标体系建构与实践拓宽渠道。

（一）活动理念在核心素养框架中找定位点

两期"小眼睛看大中山"研学旅行活动，策划理念都充分体现了学校提出的五个核心素养的基本内涵。活动前期的安全教育和活动过程中的安全管理、部分研学线路的内容（健康小镇）等，直接指向健康素养；活动立意于播下一颗"情感种子"，有利于让品德素养中关于社会责任和国家认同的要求得到落实；学生完成各种研学问题、小课题的过程，也是他们学习素养中创新意识和解决问题能力发展的过程。

（二）活动目标在发展目标体系中找立足点

五、六年级学生参观翠亨新区规划馆，校长在现场亲自为同学们上课。他引导同学们通过观察发现翠亨新区的地理优势、交通优势和人才优势，进一步启发大家思考：六年后，当深中通道建成通车时，你们即将高中毕业，你们会选择怎样的大学志愿，你将来会成为一名新区建设者吗？2030年，当新区完成基本建设规划时，你们25岁了，你愿意成为新区建设的一员吗？同学们认真聆听着、思考着……这种身临其境的教育活动，使社会责任教育、国家认同教育、现代科技教育等落到实处、走进心里。

（三）活动内容在年段目标细目中找发展点

美术学科教研组根据四、五年级"古镇灯饰特色小镇"的线路安排，结合该年段艺术素养发展目标，从艺术欣赏和艺术创造两个方面设计不同的研学活动内容。指导学生观察琳琅满目、数不胜数的灯饰产品，利用学过的美术知识，从用途、材质、造型、风格等多个角度进行分类，增强学生的艺术鉴赏能力。指导学生设计、绘制、组装富有个性的小台灯，形成自己的创意作品。将学科知识和技能运用到生活实际当中，强化了知识的应用意识，也激发了学生的创造热情。

（四）活动形式在目标实施细则中找实践点

不少班级在设计研学项目时都采用了小组合作的形式。与课内小组合作学习任务单一、分工不清的背景不同，研学活动创造了更复杂、更综合的问题环境，使学生自发产生了分工合作的需求，也体验到合作的价值。在研学成果分享汇报阶段，合作的科学性、有效性被列为成果评价的指标，引导学生分工协作地活动，你拍我画、你问我记；鼓励学生成果共享后汇报。研究成果的汇报图文并茂、有声有色。

第六节　案例反思

"核心素养导向下智趣教育学生发展目标体系建构与实践研究"完成了阶段研究任务之后，组织了成果鉴定以及有关的研讨活动。课题组在鉴定专家指导下，回顾研究过程，整理课题资料，提炼经验成果，查找存在问题，进行了较为系统和深入的反思。

一、总体评价

"核心素养导向下智趣教育学生发展目标体系建构与实践研究"坚持以习近平新时代中国特色社会主义思想为指导，以落实立德树人根本任务为宗旨，以义务教育培养目标为指南，结合学校现实基础和发展理念，构建了全面、系统的智趣教育学生发展目标体系，在指导学校课程建设、教学改革等方面发挥了积极作用，为深化智趣教育办学模式、全面提高教育教学质量做了有价值的探索。

二、主要经验

（一）与学校现实基础相适应

中山市实验小学具有相对优越的办学条件。经过较长的素质教育实践探索，一方面，学校形成了明晰的办学理念，积累了丰富的管理经验，建设了优越的硬件环境，拥有优质的教师队伍，营造了良好的学校文化，树立了有影响力的学校品牌。另一方面，中山市实验小学也存在一些客观因素的困难和挑战。从学校内部分析，现有的教师队伍管理机制偏向封闭，与镇区学校相比，行政管理队伍、教师队伍都缺乏流动性。过于固化的组织结构容易催生惯性思维、惰性思想和自满情绪。从政策环境分析，随着义务教育均衡化发展不断深入，一些倾向性的政策和资金支持项目逐步被缩减，学校进一步优化办学条件的进程受到限制。从同行竞争情况分析，校际竞争越趋激烈。本地区兄弟学校办学水平不断提高，学校积累的一些传统优势面临强有力的挑战。从社会环境分析，学生家长群体对学校整体的教育教学质量水平关注度越来越高，对学校教育满足学生个性化需求的期望值越来越高，形成了明显的社会压力。

在这样的现实背景下，中山市实验小学基于国家教育方针和国家规定的义务教育培养目标，充分发挥自身优势，积极应对各种挑战，努力构建适应学校现实基础的学生发展目标体系，更好地发挥培养目标的导向功能，有利于盘活内部各类资源、激活内部创新动力，有利于指引课程教学改革、指导管理机制变革，有利于拓宽教育渠道、建立与外界的多元合作与竞争机制。

（二）与学校发展理念相结合

中山市实验小学持续开展智趣教育的研究与实践，构建了以"启智激趣、智趣交融"为核心的发展理念，通过"一训三风"具体而直观地表达发展理念，通过学校发展规划将发展理念分解转化为各领域的发展目标。构建与学校发展理念相结合的学生发展目标体系，是全面实践办学理念的基础性工作。

"学生发展目标体系"有效保障了学生发展在学校发展规划各领域中的核心地位。《中山市实验小学发展规划（2016—2019）》提出了10个领域的发展规划目标，并将"学生发展"列为核心领域，统领其他9个领域的规划思路。可以这样说，"学生发展目标体系"是其他各领域的共同目标聚焦点，也是其他各领域实践行动的着力点。

为落实"学生发展"领域的规划意图，《中山市实验小学发展规划（2016—2019）》设计了由"目标体系研究—课程体系研究—评价机制研究"构成的三段式发展线路图。本发展周期把前两段任务作为重点，作为需要完成落实的任务，"评价机制研究"作为探索性任务可以这样说，"学生发展目标体系"是设计规划时的目标终点，也是实施规划中的行动起点。

（三）突出培养目标的系统性

中山市实验小学学生发展目标体系构成一个包括"目标、任务、途径、环境"等诸要素的结构化系统，即以"三级课程为土壤，五种基本素养为根系，两个关键能力为主干，十五类发展目标为分枝，各项具体目标为果实"。

"学生发展目标体系"落实"五育并举，全面发展"的要求。以品德素养、学习素养、健康素养、审美素养和劳动素养等五种基本素养为主纲，具体分解为15种目标项目。"学生发展目标体系"以"面向全体学生"为出发点，依据学生年龄特点，分学段细化为15个项目目标，力图让全体学生经过自身努力和教育干预，能较好地实现目标。为突出合作与创新两种关键能力的发展，"学生发展目标体系"强调将培养合作与创新能力贯穿于各项目标的落实过程之中。

（四）突出培养目标的实践性

"学生发展目标体系"坚持以学生发展为本的理念，确立学生在教育教学活动中的主体地位。目标要求符合各学段学生的年龄特点，目标内容与学生的学习、生活紧密联系，目标实施依托学生在学校、家庭和社会活动中参与的各类课程学习与教育教学活动，目标表述以学生为主体，并易为学生理解和接受。兼顾"保底"和"增值"，给学生预留了一定的弹性目标空间，为学生个性发展提供了更有力的支持。学生发展目标体系研究与学校课程建设研究同步进行，构建了由基础性课程、拓展性课程和选择性课程组成的学校课程体系，充分发挥了课程与教学的主阵地、主渠道功能。各项具体目标使用较为规范的目标行为动词描述目标内容，尽量将目标外化为可观察、可测评的行为表现，有效地指导各种教育教学实践。

（五）在拓展课程领域进行了有意义的实践探索

2017年，学校根据有关文件精神组织开展了研学旅行活动。在文件解读、活动策划阶段，学校就有意识地将此工作与学校培养目标研究相结合、与学校课程建设研究相结合。经过两年多的实践，形成了一些基本经验。

拓展课程要有利于实现全面发展的培养目标。学校期待研学旅行活动能在孩子们心里播下三颗种子：感知城市建设新成就，增进热爱祖国、热爱家乡的"情感种子"；拓宽视野，渗透更丰富的社会、科学、经济、人文知识的"智慧种子"；体验探究学习、合作学习等新型学习方式，积累活动经验的"能力种子"。

拓展课程要有利于基本素养的成长。研学内容有的指向健康素养，了解现代科技在增进人们身体健康方面的新成果；有的指向品德素养，参观城市规划设计馆，增强学生社会责任感和国家认同；有的指向"学习素养"，鼓励学生在研学过程中开展小课题研究。

拓展课程要有利于丰富学生达成学科目标的途径。例如在"灯饰特色小镇"研学活动中，美术学科教研组结合该年段艺术素养发展目标，从艺术欣赏和艺术创造两个方面设计不同的研学活动内容。学科知识生动体现于生活实际，学科技能灵活应用于艺术创作，强化了知识的应用意识，也激发了学生的创造热情。

三、存在问题

（一）求全而失精

"核心素养导向下智趣教育学生发展目标体系建构与实践研究"本阶段的研究成果构成了一个相对完整的目标体系，但由于追求体系的完整性，使目标描述部分体量过大，不够精练。

造成这类问题的原因主要有：一是目标内容希望包含的要素过多。五种基本素养发展目标，既要满足与该素养相关的各学科的课程标准要求，又要体现学校设计的拓展课程目标要求，同时还要考虑学生的差异性、个性化发展需求，缺乏必要的整合与提炼。二是指标分解的尺度不均衡。有些培养目标细化到具体的知识点，表述过于繁琐，造成累赘；而有些培养目标仅作概括性描述，指导实践的作用不充分。

（二）求细而失准

"核心素养导向下智趣教育学生发展目标体系建构与实践研究"在设计具体目标时，尽量采用行为描述方式，力求使具体目标可观察、可测评，但过于细化的描述，一定程度上干扰了目标的科学性和准确性。

与国家课程有关的培养目标，基本上是以学科课程标准为依据，汇集、整理相关学科课程标准所提出的具体目标，相对来说，虽然也进行了一些再细化的加工，总体上能保证其科学性，但与学校开发的拓展性、选择性课程有关的培养目标，设定依据主要来自相关的教育政策和指导性文件，比较笼统、抽象，对这类目标的再细化，很大程度上依靠目标设计人已有的工作经验，程度深浅、难度高低、操作难易等方面，还欠缺更为精准的分析。

（三）重导而轻评

"核心素养导向下智趣教育学生发展目标体系建构与实践研究"的一个主要意图是突出目标的导向功能，希望通过设计结构化的、具体直观的培养目标，更好地指导各学科教师的教育教学实践，更好地引导全体学生全面、和谐发展。在该课题的实践探索中，也确实积累了较为丰富的正面案例。

由于本阶段的研究重点放在"目标设计"与"体系建构"上，所以对如何评价目标达成度、评价工作如何开展等方面的设计并不充分。目前来看，一种情况是"以行动证实目标达成"，即根据目标要求，开展了相关的教育教学活动，学生在整体上参加了必要的学习体验活动，即认为目标基本达成。这种评价较适用于拓展性课程，体现了对过程评价的关注，一般用于对学生的总体评价，但对学生个体情况很难形成较为准确的评价与判断。另一种情况是"用结果证实目标达成"，即根据目标要求，组织开展形成性测验，通过数据分析来考查目标达成度。基础性课程多采用此类评价方式，能较好地反映总体与个体的目标达成情况。但是，形成性测验对知识与技能的掌握情况较易考查，而对学生能力发展情况、情感与态度的发展水平则不易判断。

第四章
导航：智趣教育的学校发展规划

第一节 学校发展规划的目的与意义

2013年2月，教育部颁发了《义务教育学校校长专业标准》，把"规划学校发展"列为校长的专业职责之一，对校长规划学校发展所应具备的专业理解与认识、专业知识与方法、专业能力与行为提出了明确的要求。

学校发展规划是一种改进学校管理、提高学校教育教学质量的管理思想和操作方法。自20世纪70年代中后期，学校发展规划在英国兴起，其后在世界范围内得到推广。20世纪90年代后期，学校发展规划伴随国际教育合作项目进入我国，并在一些地区的学校管理改进中取得显著成效，引起国内广泛关注，被视为改进学校管理、提高学校教育教学质量的重要途径与手段。

学校发展规划是学校发展的施工蓝图、管理的重要工具。学校发展规划在办学理念与办学实践之间架设桥梁，在学校校长和全体师生之间形成纽带，对学校和师生行为具有导向、规范和激励的作用。科学的办学规划还有利于增强学校管理改革的持续性和连贯性，稳定学校长期发展愿景，增强学校团队凝聚力，指导学校现实阶段目标的确立。

一、学校发展规划是实现自主管理的基础

随着地方、学校办学自主权的逐步扩大，一些原来由教育主管部门决定的事情，将由学校自主面对、自主处置、自主管理。学校对人、财、物的统筹使用与日常管理负有更直接和具体的职责，不仅需要通过加强制度建设，逐步形成有效的管理机制，也需要利用办学规划，不断更新学校内部管理制度体系，形成制度建设的保障机制。

针对学校定位、发展目标、办学特色等涉及学校发展的宏观问题，学校发展规划更有不可替代的作用。通过制订学校发展规划，学校明确远期、中期和近期发展要求，在方向、定位和目标层面上，既符合教育政策和法规要求，也体现学校的个性与差异；既尊重当前的发展基础与条件，也明确未来的方向与趋势。

学校发展规划有利于促进学校内部各部门的自主管理。各部门作为学校整体中的各个子系统，通过对照学校发展规划，可以对本部门与学校整体、本部门与其他部门的协同协作关系等做出更准确的定位。各部门可以结合发展规划

的总体目标和领域目标，制定更具体的实施方案来推进计划，避免各种短视、被动因素的干扰。

二、学校发展规划是形成共同愿景的平台

校长是制订学校发展规划的主要参与者与直接责任人，但并非决定学校发展规划的唯一主体。学校发展规划提出的愿景，描述的不是校长个人的办学思想和教育理想，而是学校成员共同持有的看法、态度、期待、想象。

因岗位职责和工作内容的差异，学校里的不同群体对现实问题的观察视野、分析角度和价值判断也会存在很大的差异，从而对学校未来形成不同的期待。例如校长可能希望教师能更加勤勉、更加专注，而老师则可能较为关注工作环境的改善、专业发展的机遇等问题。

研究、制订学校发展规划的过程，是一个通过对话与协商而形成共同发展愿景的过程。校长与管理团队、管理团队与教师群体、学校与学生家长、学校与社区等基于对学校未来的期待，通过多渠道沟通、对话、协商，分享各自对教育法规与政策的理解，交换对学校现实问题的不同看法，逐步形成趋同的价值判断和目标追求，并在此基础上提出学校愿景。坦诚对话，求同存异，可以有效改善学校内部各层级、各群体，以及学校与外部各方的沟通方式和沟通效果。

三、学校发展规划是整合教育资源的渠道

教育资源亦称"教育经济条件"，是教育过程所占用、使用和消耗的人力、物力和财力的总和。所有的教育活动都需要相适应的资源支撑。努力发掘教育资源、合理配置教育资源、科学使用教育资源、规范管理教育资源，是学校整合教育资源的主要内容，也是学校发展规划统筹安排的学校管理事项。

课程资源是学校课程计划与实施的前提基础和保障条件。以学校最主要的教育活动"课程"为例，学校课程资源包括环境、场所、场地、设备、师资、教材、教参、时间、资金、项目、机构等。不同的学科对课程资源都有特殊的需求，学科之间也会存在一定的需求冲突。可以通过发展规划总体分析资源现状，讨论学科需求的合理性与紧迫性，做出合理的配置与适时的安排，从而有效协调上述的冲突。学校还可根据发展规划，在充分论证的基础上提出发掘教育资源的思路，争取教育主管部门从教育政策、投入项目等方面给予专项支持。

四、学校发展规划是营造办学特色的抓手

在校际竞争日趋激烈的现实背景下，办出学校特色既是学校发展的动力，也是给学校的压力。所谓办学特色，表层而言是"人无我有、人有我优、人优我特、人特我亮"；深入来看则应是"有之已久、优而有因、特且可续、历久弥新"。无论是源自单一学科的特色项目，还是融合学校整体的特色品牌，学校特色都需要经过较长时间的孕育和培植。

学校发展规划把营造办学特色作为目标、内容的重要组成部分，系统地规划学校特色的培育工作。制定科学的发展路线，提出明确的特色发展目标，围绕营造特色的目标开展各项工作。通过规划，可以较为稳定地提供相应的资源保障，使特色项目或特色品牌在一定的周期内得到持续而有力的支持，能健康发展。

第二节 学校发展规划的主要内容

学校发展规划的主要任务是提出学校在未来特定时间内要达到的主要目标，并就确保目标实现进行工作设计与安排。学校发展规划一般包括办学理念、学校愿景、现实情况分析、总体目标、领域目标分解、年度目标分解、实现规划的保障机制等。

一、办学理念

办学理念是学校在一定时期内所确定的办学指导思想。先进的办学理念应具有以下几个特点：一是要紧紧围绕国家教育方针，遵守教育法规和政策；二是符合学校发展实际，尊重学校历史，体现学校文化，彰显学校特色；三是表达师生共同的理想，反映学校的发展愿景；四是言简意赅，无歧义，易传播。

办学理念一般以校训、校风、教风、学风等形式呈现。其中校训是纲领，是办学理念的灵魂，也是师生行动的规范和标尺。校风、教风和学风是对学校整体风格、教师整体风尚、学生整体风气的精练概括，与校训应有内在的联系，体现校训的价值追求。校风、教风、学风三者之间也应该彼此融合，相互支持。

二、学校愿景

学校愿景是学校发展规划的重要内容，是全体师生及学生家长等共同持有的对学校未来发展的希望，是从学校现状出发对学校未来的一种有远见的预测与期待，是学校成员所憧憬的学校未来发展的理想蓝图。

学校愿景应落实期望、意愿、信念、持续等4个基本要求。具体分析，"期望"是指学校愿景要体现大家共同的愿望，也就是经过一个规划期之后，学校将获得怎样的进步与发展。"意愿"是指学校愿景要表达大家共同的努力意愿，也就是为实现期望而凝聚的集体的决心。"信念"是指大家都认为规划目标是适当而可行的，对实现共同期望持有坚定的信心。"持续"是指愿景一旦形成就要避免各种干扰，保持适当的稳定，锁定目标，砥砺前行。

三、现实情况分析

理想基于现实。对学校现实情况进行分析,是制定学校发展规划的立足点。学校发展规划要准确描述学校当前的基本情况、整体水平、在一定区域内的同行地位,使全校师生能从总体上把握学校发展规划的现实情况。还要具体描述各领域的基本情况、近年来的变化,为规划领域目标、设计领域发展思路提供参考。

期望常常源自问题。抓住制约学校发展的关键问题是制定学校发展规划的出发点。要深入分析学校办学理念、发展思路等相对宏观的问题,把握教育政策的变化趋势,吸纳教育科学的最新成果,合理调整未来的战略布局。要客观描述各领域存在的问题,需要对一些看似细微、琐碎的问题进行归类整理,逐步将存在的问题归结到思想认识、制度建设、工作方式的层面。这种归纳和提炼可以让学校发展规划力图解决一些较深层次的问题,对学校发展形成较持久和长远的影响。

对于一些重点发展领域,或现实情况较为复杂的发展领域,可以采用SWOT分析法,具体讨论该领域的优势、劣势、机遇和挑战,使问题分析更为透彻,对现实情况的掌握更加全面,对问题程度的把握更加准确。

四、总体目标

学校发展规划的总体目标是整个规划的中心思想,是规划其他各部分的指引,也是对规划的核心内容的高度概括。总体目标应明确学校新一轮发展周期的指导思想,申明教育方针,突出规划周期的办学目标、改革主题和发展战略。

研制总体目标需要考虑以下几方面的问题:一是发展周期的时限性。总体目标既能指导周期内的各类改革行动,又应保证在周期内可以基本实现。二是目标范畴的全局性。总体目标是学校整体工作的目标定位,也是各领域具体规划的指南。三是目标描述的概括性。总体目标不宜过于具体,要为领域目标、阶段目标预留空间。

五、领域目标

在总体目标的指引下,具体制定各领域的发展目标。这是对总体目标的分项落实,也是各执行部门参与研制学校发展规划的主要成果。

首先，领域目标分解要合理。既要让领域目标尽可能覆盖学校工作的所有领域，也要尽量减少领域间的交叉重叠。既要着眼于当前学校管理的分工架构，力求各部门管理人员"人人有目标"，又要明确领域目标的责任主体，实现规划目标所列任务"事事有人管"。

其次，领域目标结构要合理。领域目标不能各自为政，彼此游离，应该相互配合，相互支持，共同为总体目标服务。领域目标也不是处于平等地位的，不能平均"用力"，要根据总体目标的要求，把领域目标划分为优先与一般的等级，如提出新一轮发展周期的核心领域、关键领域、基础领域、辅助领域等。

六、年度目标

年度目标是从时间维度上对领域目标进行的再度分解。学校发展规划周期一般为3~5年，各领域在此周期内如何有序地安排工作任务，如何充分统筹领域间的资源配置，如何将周期较长的任务分解为更具操作性的阶段任务，以及如何促进领域间的配合和互动等问题，都可以在年度目标的设计与调整过程中逐步解决。

七、保障机制

决定学校发展规划的达成度，除了规划本身的科学性之外，实施规划的保障机制也是十分重要的因素。学校发展规划要把保障机制列为重要的组成部分。

学校发展规划可以从思想保障、组织保障、制度保障、管理保障、物资保障等方面构建整体的保障机制。落实思想保障主要通过对内宣讲、解读等形式，统一全体教师的认识；通过对外发布、宣传等途径，取得上级部门、专家和更广泛的社会人员的认同与支持。落实组织保障首先要成立规划实施工作领导机构，并明确成员分工，落实责任；畅通信息渠道，加强定期督导。落实制度保障主要是加强目标管理，并建立相应的评价与激励制度。落实管理保障要求学校一方面要始终重视规划的全局性和系统性，做好顶层设计；另一方面要坚持抓紧推进关键领域的工作，以关键领域的发展带动其他领域进步。落实物资保障的重点是强化资源管理，在争取外部资源和配置内部资源方面做好相应的工作。

第三节　学校发展规划的制订方法

制订学校发展规划是一项涉及校内外各方、各部门的系统性工作，也是一项用时较长、步骤较多的综合性工作。在制订学校发展规划的过程中，要针对涉及对象、研究的工作范畴和制订工作的具体环节，合理运用各种工作方法，确保每个步骤的工作质量。

一、建立组织机构

建立结构合理、工作有效的组织机构是制订学校发展规划的必要举措。组织机构的职责可以定位于发展规划的研究与制定，如"学校发展规划研制领导小组"等，也可以延伸其职能，组建"学校发展管理委员会"等类似机构，统筹负责学校规划的研制、修订与实施、评价等。

两类组织机构的职责功能虽有一定区别，但人员构成基本相似。总的来说，人员构成应包括校内和校外两个部分。校内人员以校长为主，既负责把握规划的总体方向和思路，也负责协调各方，统筹推进相关工作；校内参与人员还应包括各部门主要负责人、教师代表、职工代表等。校外人员主要来自4个群体：第一是教育行政部门的专业人员，负责审定发展规划是否守法合规，是否符合本地教育发展的总体要求和基本理念；第二是科研院所的专家，对发展规划进行技术和方法指导，并对发展规划是否遵循教育规律、符合教育改革发展方向等问题进行评估；第三是学生家长代表，可以通过他们更广泛地征集广大家长的意见和建议，也可以通过他们拓宽规划的宣传途径；第四是与学校联系密切的其他社会组织代表，如辖区居委会、派出所、本地公益文化机构，以及长期支持和关注学校发展的企业等。

二、做好现状分析

现状分析是制订学校发展规划最为重要的准备工作，摸清"家底"、找准起点，才能更准确地设定目标、规划路径。

现状分析要力求客观。通过撰写规划周期工作报告，回顾历年的工作总结，梳理各项规划目标达成的情况，形成总体判断。通过与各部门、各群体的座谈、咨询，收集对学校现状的意见，听取对学校发展的建议。

现状分析要力求全面。现状分析要全面总结成绩，更要突出存在的问题。要注重将问题具体化、直观化，也要适当的类别化、数据化。要客观描述问题的表象，也要深入分析问题的成因。要查找导致问题的客观因素，还要努力查找思想观念、工作作风、工作能力等方面的主观因素。要讨论面临的困难和挑战，也要努力发现解决问题的有利条件和机遇。

三、获取有效信息

研究和制订发展规划的整个过程中，都要重视信息流通与意见交换。可以开展座谈、研讨活动，也可以采用问卷调查等方法。要预判不同利益群体的诉求、期待，也要预测不同利益群体对发展目标、实施举措的基本立场和反应态度。发展规划可能会涉及一些利益分配、机会竞争方面的问题，一般来说，发展规划对这类问题只需提出方向性的改革目标，不宜过于具体，尽量避免群体间的分化与对立情绪干扰规划的制订工作。

四、设计整体框架

组织机构内应安排统筹能力较强、文件起草水平较高的人员，负责发展规划的整体框架设计和具体的文本撰写工作。要对这部分人员进行必要的培训，培训内容包括学校管理基础理论、学校发展的基本理念、学校发展规划的基础理论、典型案例等方面。必要时，还需要请专业人员进行具体指导。在设计完成发展规划的总体框架后，根据人员对领域工作的熟悉程度进行合理分工，全程参与各领域现实情况的调查、目标设定、路径规划等工作。

五、撰写规划文本

撰写规划文本的工作可以指定专人统筹负责，也可以分工撰写后再系统集成。前者利于在体例、文风上保持一致，后者利于发挥个人专长，体现不同领域的客观需求。校长要定期召集撰写人员进行会议研讨，比对各部分初稿的优点和问题，逐步形成统一意见。

六、讨论与修订

学校发展规划的初稿应经过必要的讨论与修订过程。讨论的问题集中在以下四个方面：一是现实情况的分析是否客观，二是提出的问题是否聚焦且有一定深度，三是提出的发展目标是否适切，四是设计的实施路径是否可行。

学校应该以教职工代表大会、家长代表大会等形式，对修订完善的学校发展规划予以表决、通过。表决通过的学校发展规划要上交教育主管部门备案，印发至适当范围，并由学校归档保存。

在实施学校发展规划的过程中，也会因为政策调整、内外部条件的重大变化等原因而需要进行重新修订。对发展规划的重大修订，也应按照相应程序表决通过修订案。

七、宣讲与解读

学校发展规划基于学校愿景，是学校利益相关各群体的集体意愿的综合表达。规划的科学性、合理性和可操作性，需要得到全体参与者的理解和认可。因此，在完成学校发展规划的初稿和修订稿后，有必要开展规划的宣讲、解读。

宣讲与解读是统一思想认识的过程。通过宣讲解读，让师生和家长理解新一轮发展规划的办学理念、发展愿景、总体目标和具体目标，以及形成目标的依据和过程、实施规划的路径和方法等，统一思想，为规划的实施奠定认识基础。

宣讲与解读也是动员各方力量参与的过程。经过系统分析、科学设计和深入论证的学校发展规划，将成为学校新一轮发展的纲领性、指导性文件，需要广泛动员各方力量共同参与、主动推进。通过宣讲，既描绘发展前景，也明确任务职责，让全体人员在规划中找准自己的位置，找准自己的发力点，凝聚共同推进规划实施的合力。

宣讲与解读还是推进学校民主管理、主动接受各方监督的过程。学校以开放的态度表达对未来发展的设计与期待，并阐述实现期待的路径和措施，可以调动各方力量积极参与规划的实施，监督学校在新的发展周期中各方面的工作。

八、配套制度与计划

每一轮学校发展规划都会有力推动学校制度的更新和补充，使学校制度建设日趋完善。发展规划制订并通过后，应尽快着手修订、补充相关的学校管理制度，既要调整冲突条款，让制度与发展规划相适应，也要补充新建制度，为发展规划的实施提供制度保障。

作为纲领性、指导性文件，学校发展规划不可能面面俱到，也不可能细致入微。学校要根据发展规划，组织相关部门，积极研究规划目标分解，按分管业务和年度，细化为具体任务清单，并逐步派生出具体的实施计划。

第四节　智趣教育学校发展规划案例

中山市实验小学于2015年9月进行校级领导班子换届，学校主要负责人调整了工作岗位。上一届领导班子对前一轮学校发展规划的执行情况进行了全面总结。新一届校级领导班子成立后，启动了学校发展规划的制订工作，明确了"深化智趣教育，发展核心素养"的规划主题。根据教育主管部门设定的任职年限，新一轮发展规划的起止时间为2016—2019年。

深化智趣教育，发展核心素养——中山市实验小学发展规划（2016—2019年）

一、背景分析

（一）学校概况

中山市实验小学是中山市教育和体育局直属小学，创建于1957年，经数次易名，于1997年迁于现址并定名。校园占地面积约40000平方米，现有43个教学班，在校学生1840人，教职员工近200人。

学校办学条件优越，布局合理、环境优美、设施齐全、设备先进。拥有突出的人才优势，目前学校有广东省特级教师4人、省名班主任、市名教师4人，高级教师7人。一批以青年教师为主体的市级学科带头人、骨干教师茁壮成长。

学校坚持贯彻教育方针，全面实施素质教育，努力提高办学水平。以智趣教育为改革主题，在创新德育模式、加强课程领导、培育师资队伍、提升科研能力、打造体艺特色、凝练学校文化等领域，开展了系统而扎实的实践探索。

学校致力于高位发展，向理念先进、管理科学、特色鲜明、业绩突出的现代化小学不断迈进。"学校优质+特色，教师博学+专长，学生全面+特长"的办学模式已成为学校鲜明的品牌特征，"兴趣强烈，情趣高雅，品德高尚，人格完善"的学校文化特质亦日益显著。学校先后被评为全国现代教育技术实验学校、全国学校艺术教育先进单位、全国中小学心理健康教育特色学校、全国中小学校园足球特色学校、全国"百所数字校园示范校建设项目学校"、中国少年科学院科普基地。在信息化教育、科技教育、艺术教育、体育、心理健康教育等方面形成了较明显的优势和特色。

（二）各领域的现实基础与存在问题

1. 文化建设

现实基础：环境文化方面，基础设施齐全，基本条件优越。精神文化方面，办学理念总体明确，智趣教育理念框架初步形成。活动文化方面，氛围浓厚，活动丰富，积累不少典型案例，社团建设种类多，重点项目优势明显。

存在问题：需要进一步提升校园环境规划和建设的文化内涵，凸显其育人功能。需要进一步聚焦理念的核心价值追求，精准表达且自成系统。校园文化活动欠缺整体规划和系统集成，部门、项目间协调不充分。文化活动的育人价值有待进一步发掘和提升。

2. 学校管理

现实基础：管理集体团结协作，分工明确。团队凝聚力、执行力强。团队成员个人政治素质、业务水平、群众威信较高。干群关系和谐。各类管理规章制度总体完备，保障学校工作有序发展。

存在问题：行政管理权责不够清晰，存在反应慢、效率低的现象。

3. 教师队伍

现实基础：教师队伍学历结构、职称结构、年龄结构有总体优势。名优教师群体、骨干教师群体基本成型，并逐渐发展壮大。师德、师能整体水平高。

存在问题：职业倦怠迹象较明显。倚重经验，学习动力不足。安于现状，变革意愿不强。受二孩政策影响，缺岗、代课、临聘情况多，未来三年将成为学校工作的巨大压力。

4. 学生发展

现实基础：学生的道德品质、行为习惯、学业水平、身心健康、审美情趣以及个性特长发展，总体处于较高水平。学业负担控制合理。为同行和上级领导所肯定，为家长和社会所认同。

存在问题：对照学生发展核心素养，学校培养目标的结构化、系统化、明确化程度不高，难以作为学校课程建设的直接依据。学校提出的学生成长目标过于笼统，难以观测，没有凸显校本特色。

5. 德育工作

现实基础：德育工作途径多样，内容丰富，形式灵活。各项教育活动扎实推进，成效明显。省名班主任工作室建设、心理健康教育、性别平等教育等专题德育形成品牌，社会反应好，上级评价高。德育队伍整体素质高，经验丰富，责任心和执行力强。

存在问题：学生在德育领域的发展目标系统性、针对性不强，影响德育实效。需要进一步探索建设德育队伍、统整德育人力资源的策略，形成全员德育模式。加强对德育评价的研究，发挥评价的导向、规范和激励功能。

6. 课程教学

现实基础：教学管理制度执行到位，各学科教学常规管理细致扎实，教研活动正常开展，学科教学质量保持优质稳定。教师的课程理解能力、教材研读能力、教学设计能力、教学组织能力、质量把控能力以及教学基本素养等，总体水平高。

存在问题：质量监控与过程管理仍存在薄弱环节，质量保障总体上依赖学科教师个人的责任意识和能力水平。课程改革不深入，尚未从课程规划层面形成课程改革的校本特色。信息技术与学科课程整合、融合这一传统优势渐呈消退迹象，点的突破与面的推广均显滞后乏力。

7. 教育科研

现实基础：学校教育科研工作起步早、发展快，形成了良好的科研氛围、有效的管理机制、优良的骨干队伍。教育科研对于促进教师专业成长、推动学科教学改革发挥了积极的作用。

存在问题：部分科研课题的设计与研究实用性不强，未能体现基于学校、成长教师、发展学生的学校教育科研原则。课题成果推广不力，往往课题的结题即意味着研究的结束。

8. 办学条件

现实基础：基础条件总体优越。配套设施齐备，功能场室齐全，教学设备先进。绿化美化程度高，环境优美。

存在问题：相当一部分设施、场室、设备存在老化、残旧、损坏情况，或存在品质差、管理弱、效益低问题。改造、升级、优化项目多，任务重，资金压力大。

9. 家校互动

现实基础：定期开展家长开放日、家长学校、家长会等形式的家校互动工作，家长积极性较高、参与率高，总体反映良好。有较完善的家校沟通制度，执行情况正常。校级家委会制度实施多年，有效促进了学校发展。各班级自发建立的班级家长委员会，发挥了积极作用。

存在问题：互动性不强。家长被动地听、看较多，主动地说、做较少。各级家委会的民主决策、民主监督作用发挥不足。班级家委会运行中存在某些负面问题，缺乏必要的指导和管理。

10. 交流合作

现实基础：我校是中国教育学会中小学整体改革专业委员会基地学校，参与C20（慕课）等高层次科研课题项目，在全国范围内产生了良好的品牌宣传效应。与多所国内外知名学校建立了合作交流关系，有较丰富的学习资源。

存在问题：学习较多，内化较少。参观较多，借鉴较少。个体或小型群体参与较多，分享、辐射和推广工作有待加强。

二、发展目标

（一）总体发展目标

以邓小平理论、"三个代表"重要思想、科学发展观和《国家中长期教育改革和发展规划纲要（2010—2020年）》《广东省中长期教育改革和发展规划纲要（2010—2020年）》《中山市中长期教育改革和发展规划纲要（2010—2020年）》为指导，全面贯彻党的教育方针，落实立德树人根本任务，坚持"实验为本，整体育人"的办学目标，遵循"质量立校、科研兴校、特色强校"的发展规律，探索"学校优质+特色，学生全面+特长，教师博学+专长"的办学模式，实施"深化智趣教育，发展核心素养"的战略，全面实施素质教育，着力提升教师专业发展水平和学生核心素养发展水平，为推动学校高位发展做出更大的努力。

（二）领域发展目标

1. 文化建设

（1）升级环境文化。营造以"三园三馆三广场，两廊两厅两学堂"为主要载体的学校环境文化，并努力为各类设施注入文化内涵，赋予教育价值，发挥育人功能。整体规划、美化绿化工程，分步完善学校文化设施，达到"各蕴其意，各归其用，移步有景，四时有花"的成效。

（2）凝聚精神文化。以智趣教育理念为背景，系统研判校风、校训、办学目标、办学模式、办学特色等精神文化的内涵及其表达，在进行广泛而深入的论证的基础上，做出必要的调整，使办学理念更清晰、更聚合，发展为一个完整而有机的理念系统。在提炼学校精神文化、实现精准表达的过程中，凝聚人心，统一思想，力促形成共同愿景。

（3）丰富活动文化。制度化、常态化地组织实施读书节、科技节、体育节、艺术节，从文化建设的层面策划设计，用课程建设的理论指导实施，坚持面向全体学生。多样化、灵活化地开展社团建设，发展学生个性特长。主题化、系列化地开展德育、心育和少先队活动，增强德育实效性。

2. 学校管理

（1）制度无盲点。立足现实需求，着眼学校发展，从学校管理、党风廉政建设、德育、课程与教学、教师队伍管理和教师专业成长、安全教育和安全管理、财务后勤管理等领域，全面清查、系统整理现有管理制度，摸清制度"家底"，在此基础上完善制度建设，用制度管人、用制度管事、用制度保廉洁、用制度增效益。

（2）执行清权责。分步研制并试行部门工作管理规程，明确制度执行主体的权力和责任。分管校级领导和执行部门负责人既分工，也分权，更分责。层层落实，分工务求明确，行权不必犹豫，担责亦不推诿。

（3）绩效有考评。强化内部监督机制，逐步推行目标管理责任制、部门工作绩效考评制、重点项目挂牌督办制、三重一大决策公开制、重大失误内部问责制。探索部门工作绩效与奖惩挂钩的激励机制。

3. 教师队伍

（1）师德建设。建立定期学习教育制度，通过集中和分散学习等多种形式，学习师德师风的法律法规文件，学习师德典型人物事迹；开展师德表彰活动，发挥身边师德榜样的激励作用；完善师德监督机制，采取领导评价、教师互评、学生评价、家长评价相结合的办法，充分发挥家长委员会作用；严格师德考评，将师德表现作为教师年度考核、职务聘任、外出进修和评优奖励等的重要依据，实行师德一票否决制。

（2）师能提升。固化师能提升的基础性内容和基础性途径，如：对照职称评审条件、名教师骨干教师评定标准等，固化各类培养对象的选拔程序，积极创造条件提高评审通过率。

（3）师培管理。科学分析教师制订的个人发展三年规划，厘清不同层次拔尖人才的发展目标与要求，制订更加合理的个性化拔尖人才成长菜单，在指导其发展方向的同时为其成长提供更多的机会、创造更好的条件。加大对主要学科的拔尖人才的指导和培养力度，力争在高层次拔尖人才成长上有较大突破。

4. 学生发展

（1）努力构建并扎实实践基于核心素养的智趣教育学生发展目标体系。

（2）积极探索发展目标体系下的学校课程建设途径，努力构建有效促进学生核心素养发展、符合办学理念和办学实际的学校课程体系。

（3）选择重点领域，探索学校课程体系实践背景下学生发展水平的评价机制。

5. 德育工作

（1）建立普适目标体系。以德育纲要、学生发展核心素养等为指导，面向全体学生，视小学六年时间为学生道德品质发展和行为习惯养成的一个完整周期，从横向系统分解德育目标，从纵向科学设计阶段性要求，遵循知、情、意、行的德育基本规律，构建一个层级分明、目标清晰、内容具体的德育目标体系。

（2）实施全员德育模式。着力建设好六支队伍：学校德育领导、正副班主任、各学科教师、学生家长、社会工作者和校外辅导员、班队干部，明确六支队伍在学校德育工作中的职能，界定六支队伍应履行的责任和能行使的权力，努力形成各司其职、各尽其责、全员参与、整体协同的德育人力资源结构。

（3）探索科学评价机制。坚持正面评价为主、质性评价为主、过程评价为主的原则，探索更为科学的德育评价机制。充分发挥评价的激励功能和导向功能，让评价成为德育的一个环节、一种形式、一类资源。推进评价主体多元化改革，学校、教师、家长以及同伴和自我，均应成为评价者。尊重儿童身心发展规律，努力实现评价过程和结果形式的趣味化。

6. 课程教学

（1）构建学科教学质量保障和过程管理体系。不忽视一门学科，不漠视一位孩子，不轻视一个课时。强化教学管理人员对分管学科负责、学科教研组对每位科任教师负责、科任教师对每位学生负责的意识，加强过程管理，保障学科教学质量。

（2）体艺课程的校本规划与实施。以体育和健康课程标准、艺术（音乐和美术）课程标准为基准，结合"体艺2+1工程"的相关要求，分步启动学校体育、艺术教育课程的校本规划和实施工作。从课程目标、课程内容、课程结构、课程形式、课程实施、资源配置、课程评价等领域进行深化改革，打造学校课程整合的新亮点。

（3）信息技术与学科课程融合。全员培训与项目培训相结合，整体解决通识和基本技能问题，重点关注关键项目和特色项目的突破。环境建设与教学应用相结合，谨慎立项，扎实研究，定人定量，增强研究的实用性。

7. 教育科研

（1）科研服务学校发展。加强科研课题的管理，提出与学校理念充分融合、与学校课程充分结合的若干个研究课题，将其列为推进重点，使教育科研工作更有效地服务于学校的发展。

（2）科研促进教师成长。鼓励并指导小、微课题研究，发挥学校科研骨干的力量，组团、结对、联盟，吸引更多教师参与教育科研，并逐渐掌握科研方法。

（3）提高科研成果价值。注重科研成果的推广和应用，积极引导课题的后续发展，形成持续、深入的研究模式，提升研究成果的价值。

8. 办学条件

（1）改善不足。足球场草地退化，塑胶跑道陈旧，快乐体育园地地表保护层老化，游泳馆配套设施不齐，部分音乐美术教室设施不足且缺乏学科文化氛围，食堂粗加工间不达新标准，教工就餐环境差等。力争三年内改善上述办学条件不足之处。

（2）优化升级。图书馆内部布局和装饰缺乏儿童性，信息化基础设备不能满足教育科研和课程改革的需求，部分艺术教育场室在功能性和人文性方面尚待提升，星光广场尚未形成规划思路，校园绿化品质偏低，散布的窗、板、墙文化设施没有统一布局等。力争三年内有选择地实施优化。

（3）管理增效。资产管理尚未定人定责定制度，场室管理较普遍存在要求不明确、执行不理想、督查不到位的问题，图书馆、校史馆等教育教学功能发挥不充分，体育俱乐部尚未建立有效的运作机制等。力争三年内寻求有效解决策略各个击破。

9. 家校互动

（1）建机构立制度。完善校、级、班三级家委会的组织机构建设工作，选出愿做事、敢做事、会做事、做成事的家长，增强家委会的凝聚力。完善各级家委会的规章制度，合法依规地开展工作。

（2）抓培训促分享。通过多种途径开展家长学校、家委会的培训活动，整体提高家长的教育能力。明确家委会的社会组织性质，以形式多样的分享活动为主要手段，提高培训的效益。

（3）重行动评绩效。学校主动为家委会开展具体活动创造条件，提供"用武之地"，创设锻炼能力、增进合作的环境。开展各类家委会的绩效评价工作，营造互相学习、良性竞争的良好发展局面。

10. 交流合作

（1）牵手名校。保持和加强与国内名校的沟通与联系，谦虚谨慎、真诚务实地吸纳名校办学经验，再结合本校实际进行消化和借鉴，内促观念转变，外导行动变革，推动学校健康发展。

（2）扶持薄弱。自觉担当扶持责任，主动发挥示范功能，与本市镇区的薄弱学校开展多种形式的结对共进工作。

（3）拓展品牌。努力创造机会，积极参加高层次学术团体、高级别科研课题、高水平校际联盟、高质量教研活动，推广学校办学成果，扩大品牌社会影响。

三、目标实施的年度计划

（一）2016—2017学年年度实施计划

目标领域	目标条目	年度目标（C级指标）	责任部门
A1 文化建设	B1 优化环境文化	C1完成中山学堂、孔子学堂、校史馆建设项目 C2确定科学廊（二期）、星光广场规划设计方案 C3完成校园绿化升级一期工程	总务处
	B2 凝聚精神文化	C4召开座谈会，整理、检点现行精神文化及其表达形式，提出修订意见，邀请专家论证	校长室 教科室
	B3 丰富活动文化	C5筹备建校六十周年校庆系列文化活动 C6落实"四节"的策划和实施 C7形成关于"四节"的专项制度 C8系统整理全校社团，摸清"家底"	德育处
A2 学校管理	B4 制度无盲点	C9重点修订教学管理制度、教师队伍管理和教师专业成长制度	教处务 教科室
	B5 执行清权责	C10重点检查党风廉政建设制度、安全教育和安全管理制度的执行效益	党总支 德育处
	B6 绩效有考评	C11研制两个处室的管理规程（教务处、总务处）	校长室 教务处 总务处
A3 教师队伍	B7 师德建设	C12提炼师德建设精神文化并加强宣传 C13开展师德师风问题自纠自查活动 C14举行师德标兵报告会	德育处
	B8 师能提升	C15确定正高级、高级、一级教师重点培养对象分别为2、3、4人 C16省级骨干教师培养对象学科覆盖率80%以上 C17学年内参加市级以上学科竞赛活动5人次以上获奖 C18举行高层次专家报告会一场	办公室 教科室

(续上表)

目标领域	目标条目	年度目标（C级指标）	责任部门
	B9 师培管理	C19完成信息技术提升工程全员培训 C20扩大传统文化教学师资培训对象至15人 C21推送1～2名骨干教师参加高级别公开教研活动	教科室 教务处
A4 学生发展	B10 学生发展 目标体系	C22《基于核心素养的智趣教育学生发展目标体系建构与实践研究》按期结题 C23提出滚动课题《培养目标撬动学校课程建设，落实核心素养》（暂定名），争取省级立项	教科室
	B11 学校课程 体系	C24研制学校课程体系框架初稿，试行部分拓展类课程 C25启动体育课程的校本规划与实施	教科室 教务处
	B12 学生发展水 平评价机制	C26做好相关理论培训、案例收集、观摩学习等前期研究准备	教科室
A5 德育工作	B13 建立普适 目标体系	C27从道德品质教育和习惯养成教育两个方面，至少各选择一个具体方向，提出三个学段的细化目标结构，在研讨、试行基础上发展为成熟样本	德育处
	B14 实施全员 德育模式	C28开展学科教师德育职能、德育责任以及德育方法的专项系列培训 C29开展班队干部管理实务研讨会，定向培养各学段班队干部	德育处
	B15 探索科学 评价机制	C30做好相关理论培训、案例收集、观摩学习等前期研究准备	德育处
A6 课程教学	B16 质量保障和 过程管理	C31重点指导数学和英语学科建立或完善质量保障与过程管理的基本制度，实现教学常规管理科学化	教务处
	B17 体艺课程 校本规划	C32完成体育课程校本规划与实施的论证，启动并完成二年级游泳普及教学 C33启动试行三、四年级足球普及教学 C34创造条件，试点进行现代器乐普及教学	教务处 德育处

第四章 导航：智趣教育的学校发展规划

（续上表）

目标领域	目标条目	年度目标（C级指标）	责任部门
	B18 信息技术 教学应用	C35 完成信息技术提升工程全员培训 C36 微课建设获市级奖项10项 C37 "一师一优课"获市级以上奖项5项	教务处
A7 教育科研	B19 科研服务 学校发展	C38 依据学校改革重点，确定四个重点课题：《基于核心素养的智趣教育学生发展目标体系的构建与实践研究》《学校体育课程的规划与实施》等，申报立项为市级以上课题	教科室
	B20 科研促进 教师成长	C39 关注重点对象，对三年内有职称晋升、培养层次提升需求的教师，明确科研任务 C40 扩大参与面，实现科研项目学科覆盖80% C41 举行名师、骨干教师科研经验分享活动	教科室
	B21 提高科研 成果价值	C42 反思近年来取得的各级各类科研成果，精选项目，指导2～4项发展后续研究 C43 进一步扩大重点课题的参与面，把成果推广融合到过程推广中	教科室
A8 办学条件	B22 改善不足	C44 完成足球场人工草坪改造、快乐体育园地地面改造工程 C45 完善游泳馆配套设施 C46 提出全校教室灯光照明条件改善的实施方案，提交上级争取机遇	总务处
	B23 优化升级	C47 完成校园绿化升级一期工程 C48 确定音乐教室装修方案	总务处
	B24 管理增效	C49 定资产管理配套制度，落实专人专岗负责 C50 建立体育俱乐部运作机制并试行 C51 研制图书馆整体改革方案	总务处 教务处
A9 家校互动	B25 建机构立 制度	C52 全面完成校、级、班三级家委会换届（新建）工作，通过相关管理制度、工作指导意见	德育处
	B26 抓培训 促分享	C53 开展1～2次对全体家委会成员的培训工作，至少开展一次全校性的家庭教育经验分享活动	德育处
	B27 重行动 评绩效	C54 组织部门家委会职能部门开展业务活动	德育处

(续上表)

目标领域	目标条目	年度目标（C级指标）	责任部门
A10	B28牵手名校	C55与清华附小等国内知名学校联系，分批组织专人开展驻校跟岗学习活动 C56启动与香港秀茂坪学校缔结姊妹学校计划	办公室 教科室
	B29扶持薄弱	C57做好华文教育基金项目年度任务 C58按上级要求做好年度支教、定点扶贫工作 C59与本市至少三所镇区学校开展学科教学结对共研活动	教务处 教科室
	B30拓展品牌	C60积极参加中国教育学会中小学整体改革专业委员会组织的学术活动	教科室

（二）2017—2018学年年度实施计划（略）

（三）2018—2019学年年度实施计划（略）

四、工作措施与保障机制

（一）文化引领，思想保障

（1）统一教师认识。规划体现了学校的办学思想，体现了师生发展的共同需求，顺应形势，合乎民意。为激发教师的主动性、创造性，在规划的讨论、制定及实施过程中，学校将定期召开各级会议，做到人人知晓规划，人人践行规划，在学习和实践中内化为一种自觉的个人行动。

（2）加大社会宣传。规划是学校未来三年发展的基础路线，是学校落实立德树人根本任务的思路和方法，需要得到上级领导、教育专家的指导和认同，也需要得到更加广泛的社会人士的指导和认同。要面向更大范围积极宣传学校的发展规划。

（二）目标导向，组织保障

（1）成立班子。为确保规划准确、按时、有效实施，学校建立"三年发展规划实施领导小组"，由校长担任领导小组组长，明确校长是实施规划第一责任人，其他班子成员、部分中层干部及教师代表若干人担任组员。

（2）职责分明，各司其职，分工合作，整体推进。由办公室、德育处、教务处、教科室、总务处等职能部门，组成三年规划子目标达成自评小组，适时调整、改进和完善规划。

（3）畅通渠道。根据管理权限，形成管理机制，各部门、年级组、学科组明确职责,制定实施规划的计划和步骤,并建立立体、交叉、多维的信息网络,定期检查规划实施情况,并进行阶段性的自评,发现问题,及时调整。

(4)加强民主管理,在党总支、工会指导下,充分发挥教代会的民主管理职能。

(5)注重实效。各部门积极开展工作,善于发现问题,勇于解决问题。建立一套科学的测评标准,对各部门及个体的阶段行为进行评估,将结果与学校的奖惩结合起来,在实践中不断推动规划的落实。

(三)科研驱动,制度保障

(1)制定激励机制、监督机制、评价机制,保证学校各项制度能够真正得到落实。制定学校对部门领导工作的问责制、各部门对本部门工作人员的问责制,并予以落实。

(2)加强目标管理。保障目标制定的科学、实际、可操作性,每学期进行细化和分解,并制订实现目标的可行计划,经常进行阶段性的检查和评估,保障目标得以顺利实现。

(四)课程规划,实施保障

(1)明确发展规划指导课程规划,课程规划推进学校发展的工作思路,使课程规划成为沟通愿景和实践的桥梁。

(2)明确课程规划的全局性和系统性,面向未来做好顶层设计,基于学校落实核心素养。要重点解决课程规划的长远预期与短期实践矛盾,有序推进以重点领域、改革需求迫切的领域、创新条件充分的领域为突破口和示范样本。

(五)管理创新,物质保障

积极探索后勤工作改革与创新,加强后勤队伍建设。后勤队伍要树立服务育人、全心全意为学校发展服务的理念。要积极争取外部支持,主动争取教育主管部门和社会各界的关心,积极筹措经费。合理配置资源,合理使用办学资金,开源节流,提高教育经费的使用效益。结合校安工程,解决硬件落后问题,以教育现代化标准,推进软件升级和功能优化工作,为学校发展目标的实现提供物质保障。

第五节 案例反思

因客观原因，中山市实验小学上届校级领导班子任期自动顺延约半年，于2020年5月完成换届。学校主要负责人被续聘为新一任校长，校级领导班子成员有个别做了调整。在新任期即将开启之际，学校把研究、制订新一轮学校发展规划列为近期重点工作。为提高工作质量，学校对上一轮发展规划的制订过程与成果进行回顾、反思，总结经验，发现问题。

一、总体评价

以"深化智趣教育，发展核心素养"为主题的中山市实验小学发展规划（2016—2019年），坚持以习近平新时代中国特色社会主义思想为指导，以落实立德树人根本任务为宗旨，遵照国家教育法规和政策，落实中山市教育和体育事业发展的各项部署，为学校坚持社会主义办学方向、落实教育方针确立了正确的立场。

学校发展规划体现了学校尊重历史传承，体现学校现实基础、紧扣教育改革主题的原则，提出的总体发展目标及领域发展目标导向科学、观念先进、目标聚焦、任务适当。学校发展规划的研制过程准备充分，对现实情况的分析秉持客观态度，对存在问题的判断准确而有深度，对发展目标的定位科学合理，对实施路径的设计具体可操作。实施规划三年多以来，目标达成的总体水平较高，有力推动了学校的进步与发展。

学校发展规划的文本总体结构完整，各部分体例适当，文字表达简约，符合规划的基本要求。

二、主要经验

（一）规划主题提炼精准

智趣教育是中山市实验小学坚持多年的改革主题，是学校打造办学特色的主攻方向。经过前几轮的规划与实施，智趣教育完成了理念建构与论证，取得了一些研究成果和实践成效，也显露出一些问题和不足。以深化智趣教育为主题，既能保持学校特色发展的延续性，也为解决现实存在的问题创造新的机遇。

2015年前后，中国学生发展核心素养研究在基础教育理论界与实践界渐成热点，学校认为这是新一轮教育改革与发展的良好外部因素，是应该主动适应并积极把握的机会。

因此而形成的学校发展规划主题，在学校历史和未来之间架起一道桥梁，让学校未来发展方向更明确，路径更清晰。

（二）领域层次设计合理

根据发展规划总体目标的要求，具体发展目标被分解为十个领域。依据各领域的现实基础和发展需求，进一步设计为四个层次：

一个核心领域——学生发展。把学生发展定义为核心领域，体现了学校教育的根本价值追求。

三个重点领域——教师队伍、课程教学、德育工作。这三个领域既是服务于核心领域的关键途径，也是学校在新一轮发展中必须且可以实现重大突破的领域。

四个基础领域——教育科研、学校管理、文化建设、办学条件。学校在这四个领域中拥有较为扎实的基础，保持这些领域的发展优势，根据核心领域和重点领域的改革需求进行必要的调整和完善，不仅有利于资源整合，也能为学校的可持续发展带来不竭动力。

两个辅助领域——家校互动、交流合作。对过往办学情况进行分析，发现学校在这两个领域的成功经验和存在问题同样明显，继承与创新同样重要。鉴于这两个领域以外部要素为主，将其设定为辅助领域相对合理。

（三）实施途径具体可行

学校发展规划把每个领域的发展目标都分解为三个较为具体的目标，这三个目标有的是横向分解，按内容划分，如将"教师队伍"领域目标分解为"师德建设""师能提升""师培管理"；有的是纵向分解，按递进关系划分，如将"学生发展"领域目标分解为"构建目标体系""改革课程教学""探索评价机制"。学校发展规划按年度进行二次分解，形成了细化的年度实施计划。年度实施计划所列目标更为具体，基本上表现为可以实际操作的具体任务。

经过上述分解、细化后，构建了"三维分解"的实施策略：主体维度，自上而下，聚焦责任；目标维度，化大为小，聚焦细节；时间维度，由远及近，聚焦当前。

（四）宣讲、宣传广泛深入

学校面向全体教师、全体家长委员、各年级学生家长分别召开会议，集中宣讲、解读学校发展规划。为增强宣讲效果，学校还设计了《学校发展规划30

问》作为指导各方人员学习、理解规划的辅导材料。通过广泛的宣传、宣讲，提高了各个群体规划基本内容的知晓率，有效地统一了全体人员的思想认识。

学校还积极利用各种机会对外宣传学校发展规划。如在2017年学校60周年校庆期间，举办了"智趣教育"论坛活动，校长以"谋动行当至，言出意必达"为题，全面介绍了学校发展规划的研制过程、主要内容和实施策略，得到与会专家和同行的高度认同。相关主题也在全国、省内各种校长培训活动中进行了多次的汇报交流。此类活动一方面收集到关于发展规划的精辟意见，另一方面也有效地扩大了学校的宣传范围，提升了学校对外交流的品质和影响力。

三、存在问题

（一）发展目标覆盖不够全面

受学校领导班子认识水平和综合治理能力的局限，本轮学校发展规划在设计发展目标时存在较为突出的问题——发展目标覆盖不全面。如，学校党建工作、意识形态管理工作、工会与少先队建设工作等没有列入发展规划，部分工作虽在某些领域被提及，但未形成专列的目标领域。

（二）前期调研参与不够广泛

制订本轮学校发展规划时，学校仍然没能摆脱以往多轮规划的工作思路，问题分析阶段调研不深入，人员参与不广泛，多以领导班子成员小范围的会议和磋商为主，部分领域的问题分析带有明显的主观色彩，与实际情况存在一定的差距。

（三）目标任务设计不够具体

一部分发展领域的目标设计较为空泛，虽然阐述了解决该领域现实问题的观点和思路，但没有提出清晰而具体的目标要求。一方面增加了年度任务分解的难度，找不到抓手。另一方面架空了目标落实机制，定不准测评标准。

（四）修订调整管理不够规范

因内、外部形势的变化，部分领域目标在后期的实施过程中进行了调整。从现实工作来看，这些调整理由充分，过程也相对规范，但对规划文本没有进行及时修订，基本上都没有形成发展规划的修订方案，在一定程度上影响了发展规划的纲领地位，给下一轮规划的制订产生了干扰。

四、对新一轮发展规划制订工作的建议

（1）全面理解学校治理的整体性、系统性、综合性，着力解决本轮规划中领域设计覆盖不全面的问题，把党建等关键领域列为新一轮发展规划的核心或重点领域。

（2）加大前期调研的工作力度，广泛调动群众的积极性，吸引大家共同讨论、共同研制、共同修订学校新一轮发展规划。

（3）同步思考学校规划的制订与实施，增强新一轮发展规划的针对性和可操作性。着重思考校级领导分工、中层干部岗位调整等问题，为制订和实施规划做好组织准备。

第五章
跋涉：智趣教育的学校课程规划

第一节　学校课程规划

《义务教育学校校长专业标准》把领导课程教学确定为校长的专业职责之一，要求校长"了解课程编制、课程开发与实施、课程评价的相关知识"，"有效统筹国家、地方、学校三级课程，确保国家课程、地方课程的落实，推动校本课程的开发与实施，为学生提供丰富多样的课程教学资源"。理解课程，掌握必要的课程理论，正确处理三级课程的关系，通过学校课程规划等手段提高管理效能，是校长落实课程领导职责的基本前提。

一、对课程的理解

课程是一个使用广泛而又含义多重的术语。如果从开发到实施所需经历的几个主要推进阶段分析课程，可以更具体地理解课程的基本内涵。

首先是观念课程的阶段。课程开发主体汇集教育政策专家、学科专家和教育专家的意见，对特定课程的价值、目标、内容进行设定，形成相应的课程政策和课程标准。观念的课程服务于特定社会的教育目的和文化传承需求，承载着课程开发主体对特定课程的价值判断和结果期待，是理想层面的课程。

第二是文本课程的阶段。学科专家、教育专家和学科教师代表依据课程政策和课程标准，设计、编制学科教科书，并衍生出相关的教学参考书、教学辅助材料等。文本课程是观念课程的具体化，它致力于反映观念课程的要求，但并非总能实现其全部要求。文本课程规定了学习的进程，对教学实施具有更直接的指导意义。

第三是教师理解课程的阶段。教师在学习课程标准、研究教科书等材料的基础上，形成对具体教学内容的认识，并提出实施教学活动的方案。教师作为本阶段的主体，通常以课堂教学为时间单位，确定教学目标、分解教学环节、选择教学方法、安排教学活动、设计练习与评价方案。受教育观念、知识结构和教学经验等因素的影响，不同的教师对观念课程与文本课程的理解存在较大的差异。教师理解的课程凸显了课程的计划性。

第四是师生实施课程的阶段。根据预设的教学方案，师生开展教学活动。教师作为教学活动的主导者，其组织教学活动的能力、评估教学成效的能力、解决学生困难的能力会直接影响课程实施结果。而作为主体的学生，他们的智力、态度、方法和学业基础等将进一步决定课程实施的成效。师生实施的课程体现了课程的经验性。

第五是评价课程的阶段。通常以文本课程为主要依据，采用考试、测验以及问卷调查等形式，测评学生的课程学习结果，并分析结果与预期的差异。科学的评价是对学生习得的课程最重要的反馈方式，但并不能揭示造成结果的全部原因。

上述课程推进的五个阶段，基本概括了关于课程概念的三个主要内涵：课程是学科、课程是目标或计划、课程是经验或体验。

二、学校课程

课程概念的内涵丰富意味着课程的主体多样性。除学生、教师、学科专家、教育专家、教育政策专家等之外，学校也是重要的课程主体，承担着特殊的课程责任。学校教育功能的实现有赖于课程，知识技能的传授与习得、价值观的传播与形成、行为规范的规训与养成等都离不开课程这个载体。有学校必有课程，真正的课程发生于学校。

学校是课程开发的主体。开发国家课程、地方课程，需要综合考虑各级各类学校的体制、学制、规模、师资、环境等因素，以保证课程与学校现实条件相适应。为进一步增强课程对学生的适应性，学校还要主动开发富有特色的校本课程。

学校是课程管理的主体。学校根据上级教育行政部门的规定，结合本校的实际情况，对学校实施的所有课程进行管理。学校课程管理是国家基础教育管理体系中的一个重要组成部分。学校课程管理的核心内容是保证国家课程与地方课程的有效实施，保证学校课程的合理开发，并在具体的课程管理工作中协调、优化和整合三类课程。

学校是课程实施的主体。学校直接参与课程的实施，制定年度课程实施方案，落实国家和地方课程政策，开齐开足各类课程，严格控制课时总量和学生在校活动时间。学校建设各类课程资源，为课程实施提供环境和物资保障；组织针对教师的培训，提高课程实施的质量水平；制定并执行教学管理制度，对各类课程实施全过程管理。

学校是课程评价的主体。学校确立评价原则，设计评价方案，对学生、教师和学校课程分别进行合理的评价。充分发挥评价的导向、促进和激励功能，不断增强学校课程开发、管理和实施的绩效。

三、学校课程规划

正因为学校是特殊的课程主体,厘清学校的课程责任,明确任务,建立健全相关的机制,就成为一项有着重要意义的工作。学校课程规划是落实这项工作的有效途径。

学校课程规划是学校对本校的课程进行设计、实施、评价的一种全面的规划,学校以本校为基础,对学校课程(包括国家课程、地方课程和校本课程)的设计、实施与评价等进行整体的设计和安排,其实质是学校课程的校本化过程。

上述定义丰富了学校课程的外延,认为国家课程、地方课程和校本课程都是学校课程的组成部分。同时,肯定了学校在课程建设中的主体地位,它不仅有执行国家和地方课程的义务,也有将其校本化的权利。学校在执行国家课程、地方课程,以及开发和实施校本课程的过程中,应结合本校的实际,以增强课程对学校、教师和学生的适应性。

学校课程规划是以学校作为规划主体,在课程理论的指导和课程政策的规范下对本校的课程进行设计、实施和评价的过程与结果。学校课程规划既服从国家的课程意志,也突出校本的育人特色;既强调学校的课程责任,也突出学校的课程权利;既致力于国家和地方课程的校本化实施,也积极主动地开发有益于学生发展的校本课程。

第二节　学校课程规划的意义

课程是学校实现教育功能的最主要途径，也是学校管理中牵涉面最广、关联因素最多的工作领域。面对课程这个全面而复杂的管理范畴，学校校长及管理团队需要抓住系统中的关键要素，开展深入的研究和实践，并由此推动整个系统的发展和进步。学校课程规划就是这个关键要素。

一、学校课程规划有利于整体落实培养目标

国家教育意志首先体现在教育方针和培养目标上，它对教育要培养的未来公民应具备的共同素质进行描述，是全面而整体的。但是，进入特定的学段和学科后，培养目标进行了学段、学科分解，演化为课程目标。这种分解继续通过年级、教材、单元等形式逐级下沉。客观上，培养目标的全面性、整体性，会随着这种逐级下沉、逐层分解而被弱化。当教师面对具体学科的具体教学内容时，往往过分关注知识技能目标而忽视整体发展目标。

学校课程规划从整体上审视学校课程结构对培养目标的支撑关系，并进行必要的整合与补充，是对教育方针与培养目标全面性与整体性的一种回归，可以有效弥补上述的弱化影响。学校对各类课程的课程目标进行平行检视，对各门课程的目标进行对照分析后，更容易聚焦各学科核心素养发展目标，更容易凸显各学科的核心价值，有利于实现跨学科的课程整合。

二、学校课程规划有利于系统强化课程管理

新一轮课程改革赋予学校的课程管理权，是学校管理责任的新成分。三级课程管理是我国基础教育课程权利的一次再分配，意味着基础教育课程采取"自上而下"与"自下而上"相结合的双向管理机制来确保课程的适应性。通过改革，学校拥有了一部分课程权利，同时也要承担相应的责任。明确学校在课程管理中的角色，履行课程管理职责，实现权利和责任的统一，才能确保国家课程、地方课程在学校中的实施和自主进行校本课程的开发。

国家课程、地方课程和校本课程不是三个完全独立的部分，它们拥有共同的培养目标，体现不同的课程价值，承担不同的任务，履行不同的责任，从不

同的方面促进学生的发展，共同构成学校课程的有机整体。正确处理好三类课程的关系，保证各类课程的合理比例，充分发挥它们对学生发展的价值，是落实学校课程管理责任的重要内容。

三、学校课程规划有利于全面提升课程效能

国家课程、地方课程和校本课程的开发主体、目标侧重、课程地位虽有不同，但它们都以发展学生为根本目的。学校课程管理就是要确保国家课程的实施质量，落实地方课程的实施要求，提高校本课程的开发水平，使学校各类课程发挥最大的育人功能。让每一个学生的发展达到国家课程目标提出的基本要求与素质，获得地方课程所提供的机会与体验，并通过选修校本课程，培养兴趣特长，获得个性化的学习体验，使每一个学生的潜能得到充分和谐的发展。

为了实现上述目的，需要学校从课程设置、开发、计划等方面进行整体设计，逐步完善学校的课程结构，使学校课程科目齐全、比例适当、课时适量，各类、各门课程在目标与内容上形成相互支持、相互配合的有机整体。也需要学校从环境建设、资源配置、教师培训、过程管理等方面进行系统改进，努力增强管理效能，使学校课程具备必要的环境保障、资源保障、师资保障和制度保障。

四、学校课程规划有利于转变教师课程观念

学校课程作为一个系统，各学科课程是组成该系统的诸要素。系统大于其要素相加之和，是因为系统包含了要素之间的相关性。在分科课程现实背景下，可能存在的问题是：某些培养目标可能被各学科所忽视，"大家都不管"（如劳动素养）；某些培养目标可能涉及多学科而难以落实学科主责，"大家都管，但都不管到底"（如健康的心理品质）。

这些问题与教师相对狭隘的课程观念相关。长期从事单一学科教学的教师，往往在观察学校课程的整体与结构时存在"只见树木，不见森林"的思维习惯。学校通过整体的课程规划，努力增强教师的课程意识，引导教师选择更高位的课程视角，从课程层面理解学生的全面发展，理解各类、各门课程间的分工协作关系。这有利于教师更深入、更全面地理解任教学科的课程价值和课程目标，进而更准确地定位单元和课时目标。

五、学校课程规划有利于打造学校办学特色

学校的办学特色可以分为若干层次。最基础的层次可称为"项目特色",指学校在某一个具体项目上经过较长时间的努力,形成与同行间的竞争优势,取得相应的成果与成绩,如某学校的"武术特色""民乐特色"之类。第二个层次可称为"学科特色",指学校整体推进某个学科建设、提升该学科的教学质量水平,为上级、同行或社会所认可,如"英语教学改革试验学校"等。第三个层次称为"领域特色",指学校突出某个教育领域的深化改革,集中优势资源促进该领域高位发展,形成整体的领域教育成果,并由此提炼改革经验,辐射带动学校其他领域的发展,如"艺术教育特色学校""教师发展学校"等。第四个层次称为"品牌特色",指学校系统提炼并积极践行富有学校特色的文化理念,打造富有学校个性的教育品牌,获得广泛的理解和认同,如上海市闸北八中的"成功教育"、清华附小的"成志教育"等。

无论哪个层次的办学特色,课程都是其形成、发展、彰显、推广的最佳平台。采用课程规划的思路和方法,可以从课程价值与定位、目标、内容、形式、资源、评价等方面讨论关于办学特色的一系列问题,如:为什么要将其视为本校的特色?该项目发展成怎样才算是形成特色?学生在这个项目中要学习哪些东西?通过怎样的方式学习?这个项目的发展需要哪些保障条件?项目发展的成效是否真的可称为特色?等等。

第三节 学校课程规划的原则

学校课程规划必须在课程政策约束和课程理论指导下有序开展，同时还要遵循以下四个原则：

一、学校本位原则

规划学校课程，动机要源于学校。既要发挥学校管理团队的集体智慧，认真分析学校各领域发展的问题和需求，依靠课程建设提出解决的思路，也要听取教师和学生的意见，了解他们对现行学校课程的建议，还要积极动员家长参与，满足学校、师生和家长对学校课程发展的正面需求，共同推进学校课程规划及实施。

规划学校课程，行动要基于学校。以学校传统为出发点，发掘自身优点，扩大已有优势。以资源建设为途径，充分利用既有条件，努力引进外部资源。以激发师生动力为前提，树立干事创业的决心和信心，形成全员支持学校课程建设的氛围。

规划学校课程，成果要利于学校。课程规划推进学校课程结构与课程设置改革，增强学校课程对师生发展的适应性。课程规划推进学校课程实施和课程管理改革，提高教育教学活动的实效与质量。课程规划推进学校课程评价改革，增强评价的导向功能与激励功能。课程规划推进学校课程资源建设，合理配置、科学利用、积极拓展各类课程资源。课程规划推进学校办学特色发展，提升学校综合实力，打造特色品牌。

二、目标导向原则

坚持"课程育人"的目标导向。把学校课程视为学生发展的主渠道，以科学完备的课程体系为学生德、智、体、美、劳全面发展建立保障，以优质高效的课程实施为学生知识、能力和情感和谐发展创造条件，以全面而客观的课程评价为学生自主、主动、创造性发展提供动力，以丰富而灵活的课程选择机制为学生个性化发展营造空间。

坚持"课程强师"的目标导向。把更新课程观念、增强课程理解力作为教师专业素养提升的重要内容。培养教师从课程视角看教学、从课程视角看学生、从课程视角看自我的思维习惯。教师要从宏观层面理解学校课程结构，把握好自己任教学科的课程定位；要从中观层面理解学科课程目标，设计具体单元和课程的教学目标；要从微观层面理解学科课堂教学，提高教学设计与教学实施的能力。努力让教师认识、体验到积极参与学校课程建设是实现自我专业成长的有效途径。

坚持"课程兴校"的目标导向。把课程建设视为学校最重要的教育活动，把课程建设视为学校最核心的发展要素，形成课程发展学校的共识。通过课程规划带动各领域工作进步，提升学校综合治理的能力；通过课程管理促进规章制度的建立和健全，增强制度建设的规范性、科学性。

三、系统整合原则

学校课程是由国家课程、地方课程和校本课程组成的有机整体，是一个有组织、有结构的系统。三类课程的地位、目标和实施要求各有不同，但彼此之间又有着内在的联系，可以相互支持、相互促进、相互补充。学校对三类课程的规划既要有主次轻重的区别，又要关注并利用相互间的联系。

保障国家课程、地方课程的基础性地位。严格执行国家和地方课程政策，尊重课程计划与课程标准的严肃性，开齐开足科目课时，配全配好所需资源，定准定细课程目标，把严把牢实施要求。

发挥校本课程的拓展性、选择性功能。以全体学生为对象的校本课程是对国家课程、地方课程的拓展。这类课程服务于培养目标和课程目标，拓宽相关课程的内容、渠道，让学生获得更全面、更多样、更灵活的学习体验，有利于更好地实现国家课程和地方课程目标。以部分学生为对象的校本课程是对国家课程、地方课程的补充。这类课程适应学生个体差异，满足学生个别需求，有利于学生个性发展。

国家课程、地方课程多以班级为教学单位，以课时来安排学习进程，执行较为严整、规范。校本课程可以以班级、年级甚至全校学生为教学单位，可以通过集中活动、分散活动、短期课程、中期课程、讲授型教学、研究型学习等多种形式开展，实施方式更为机动、灵活。

国家课程、地方课程的管理机制较为刚性，制度严谨，执行严格。将行之有效的制度和机制借鉴、移植到校本课程管理中，可以增强校本课程管理的规范性，克服随意性，更好地保障校本课程的质量。校本课程的机动与灵活管理也可供国家课程、地方课程参考,以增强课程对师生的适应性。校本课程的开发和实施,还有利于促进跨学科的课程整合与融合,进一步为教育科学研究拓宽视野和空间。

四、循序渐进原则

学校课程规划涉及领域广、参与人员多、影响面积大,是一项系统工程。学校课程规划目标分主次、内容分多寡、任务分轻重、次序分先后、难度分高低,是一项复杂工程。

发挥顶层设计的功能,自上而下循序渐进。要充分发挥民主机制,吸引管理团队、教师群体、家长、学生共同参与,吸纳意见,凝聚智慧。要积极宣传,广泛动员,有效激励,努力形成对学校课程规划的统一认识。

坚持自力更生的精神,从内向外循序渐进。先盘活利用好自身的资源,努力创造实施课程规划的基础条件。先努力做好应做、能做的事情,用阶段性成效激励信心,坚定大家的决心。有一定成效后再努力开拓外部资源,更容易获得成功。以成功的做法和经验对外宣传,更容易获得认可。

采取重点突破的策略,由点到面循序渐进。厘清课程规划的推进思路,突出各个领域、各个项目的重点,集中优势力量和重点资源进行突破。要注意化解一些观念、制度方面的矛盾,让观念变革和制度创新发挥纲举目张的作用。

在设计、实施学校课程规划的全过程中,要不断进行自省和反思,定期回顾已经开展过的工作,摆问题、查原因,努力克服行政专断、急功近利、脱离现实、简单冒进等倾向。

第四节　学校课程规划的内容

学校课程规划的主要内容包括规划课程结构、规划课程实施、规划课程管理、规划课程评价、规划课程资源等方面。课程规划的文本还应包括课程规划的指导思想、课程规划的目标、组织机构、基本原则等部分。

一、规划课程结构

学校课程结构可以从总体上根据课程地位分为国家课程、地方课程和校本课程三类。

教育部印发了《关于印发〈义务教育课程设置实验方案〉的通知》(教基〔2001〕28号)，规定了义务教育阶段一至九年级的课程设置，并具体明确了义务教育阶段各年级周课时数、学年总课时数、九年总课时数和各门课程课时比例，每门课的课时比例有一定弹性幅度。地方与学校课程的课时和综合实践活动的课时共占总课时的16%~20%（见表1）。省级教育行政部门可根据本省（自治区、直辖市）不同地区社会、经济、文化发展的实际情况，制定不同的课程计划；学年课时总数和周课时数应控制在国家所规定的范围内。

对于学校而言，国家课程和地方课程都由上级教育行政部门设置，学校必须遵守课程政策的规定，落实课程门类和课时要求，二者的课程地位并无实质性区别。因此，也可根据课程开发主体，把学校课程分为国家与地方课程和校本课程两类。

表1　义务教育课程设置及比例

	年级									九年课时总计（比例）
	一	二	三	四	五	六	七	八	九	
课程门类	品德与生活	品德与生活	品德与社会	品德与社会	品德与社会	品德与社会	思想品德	思想品德	思想品德	7%~9%
							历史与社会（或选择历史、地理）			3%~4%
			科学	科学	科学	科学	科学（或选择生物、物理、化学）			7%~9%

（续上表）

	年级									九年课时总计（比例）
	一	二	三	四	五	六	七	八	九	
	语文	语文	语文	语文	语文	语文	语文	语文	语文	20%~22%
	数学	数学	数学	数学	数学	数学	数学	数学	数学	13%~15%
			外语	外语	外语	外语	外语	外语	外语	6%~8%
	体育	体育	体育	体育	体育	体育	体育与健康	体育与健康	体育与健康	10%~11%
	艺术（或选择音乐、美术）									9%~11%
	综合实践活动									16%~20%
	地方与学校课程									
周总课时数（节）	26	26	30	30	30	30	34	34	34	274
学年总课时（节）	910	910	1050	1050	1050	1050	1190	1190	1122	9522

根据综合课程管理层级、课程对象范围、开发实施主体、主要组织形式等因素也可以采取另一种学校课程结构模式（见表2）。

国家课程和地方课程（包含地方建议学校设置的校本课程），是学校执行课程政策、实现培养目标的主渠道，是学校教育教学质量的保障系统，是学校课程的主体成分，可将这类课程定义为学校的基础性课程。

由学校开发的面向全体学生的综合型、活动类课程，是促进学生全面发展、体现学校课程特色的重要领域，是学校教育教学质量的增效系统，是学校课程的重要组成部分，可将这类课程定义为学校的拓展性课程。

学校为满足学生个性发展需要而开设的社团类课程，是培养学生兴趣、爱好和特长的主要途径，是学校教育教学质量的优化系统，是学校课程的重要补充部分，可将这类课程定义为学校的选择性课程。

表2 学校课程结构模式

课程类别	课程管理层级	课程对象范围	开发实施主体	主要组织形式
基础性课程	国家课程、地方课程（含地方建议学校设置的校本课程）	全体学生必修	国家、地方为主，学校为辅	以班级为组织单位，以课时安排教学进程
拓展性课程	校本课程	全体学生必修	学校为主	班级、年级、学校等均可组织，以活动为主，课时教学为辅
选择性课程	校本课程	部分学生选修	学校为主，校外参与	以社团为组织单位，灵活安排教学与活动时间

二、规划课程实施

教师是学校课程的实施主体。教师的课程意识、课程能力直接反映其专业发展水平，也直接决定课程实施的质量水平。规划课程实施，重点应放在更新教师课程观念、增强课程开发能力、提高有效教学水平等方面。

更新教师的课程观念，首先要让教师从整体上理解课程的育人价值，认识到每一门课程都承载着促进学生全面发展的使命。认知与态度、智力与情感、智慧与情趣，是人的发展不可分割且相互促进的两个侧面。其次要让教师充分理解课程与教学之间的联系，认识到一门好课程是由无数节"好课"构成。尊重课堂，珍惜课堂。上好当下这节课、上好执教这门课、上好从教每节课、上好学生"人生第一课"。还要让教师处理好成就学生与发展自我的关系，坚持教学相长，在教学实践中积累经验、深入反思，形成独特的教育智慧。坚持知行合一，在研究中追求进步、迈向成功，提升教育理论修养。

增强教师的课程开发能力，主要落实在两个方向。一是国家课程的校本实施。教师作为国家课程的执行者，应遵守课程政策，遵循教育规律，遵从课程标准，同时，要依据学校培养目标、学生发展需求和自身专业水平，审慎调整课程目标和内容，积极改革教学方式和手段，以增强学校课程的适应性和有效性。二是校本课程的规范开发。教师同时也是校本课程的开发者、研究者和管理者。要在开发校本课程的研究与实践中促进自身的发展，学习基本原理，理解基本原则，掌握基本方法，形成基本技能，以提升学校课程的丰富性和选择性。

提高教师的有效教学水平，可以从三个方面提出要求。一是重在"研究学生"。从宏观上研究学生的身心发展特点、认知发展规律、社会适应水平，从微观上研究学生的知识储备、技能准备、兴趣点和动机源。既研究班级的整体风貌、效率均值，也研究学生的个性品质、个体差异。充分设计"最近发展区"，准确定位"最佳发展点"。二是难在"轻负高效"。摒弃依靠反复巩固、机械训练提高学业质量的教学方式，提倡通过促进理解、掌握方法增强学生学习能力。不简单地以作业种类和预设完成时间判断学业负担轻重，引导学生通过理解价值、浓厚兴趣、强化动机、改善习惯的途径提高学习效率。关注不同学生对学业负担的个体感受差异，提倡分类、分层设置学习内容和作业内容。三是贵在"自我创新"。审视教学实践应该形成常态，简述教学后记需要纳入常规。自我反思是主要途径，对发现的问题要努力探寻其根源，对取得的经验要努力升华为理论。同伴互助是有效方法，要积极探索科组教研模式的转型升级，课例研讨的聚焦点要从"如何上好这节课"上升到"如何上好这类课"，理论学习的聚焦点要从"这个理论是什么"下沉到"这个理论怎样用"。

三、规划课程管理

课程管理是学校课程规划的安全保障和质量保障机制。课程管理工作主要包括层级管理、程序管理、绩效管理三个方面。

层级管理的核心是分权分责。根据学校规模及内部管理的实际情况，一般可分三到四个层级。学校课程发展委员会是学校课程管理的权威和决策机构，由校长牵头，分管课程与教学的副校长主持常务工作，吸纳校内外专业人员和利益相关群体代表参与。课程发展委员会的主要职责是审议学校课程规划、课程方案，主持有关的考核和评价活动。课程管理日常业务可由学校教务处、教科室等部门执行。学科主管行政对主管学科的基础性课程、拓展性课程和选择性课程实行全面、全程和全员管理，是学科课程规划的具体责任人，在主管学科的课程评价、教师评价中负责提供评价信息和评价建议。学科组长在学科主管行政的指导下开展学科课程建设的日常管理工作，落实各项管理职责，反馈各类问题困难，协调沟通科内事务。一线教师作为课程负责人，依据科组分工，具体完成该门课程在不同年级或学段的各项任务。

程序管理的关键是建章立制。《学校课程规划》是纲领性制度，全方位统筹学校一定周期内的课程建设与发展。《学校课程发展委员会章程》明确课程发展在学校事务中的价值和地位，规定委员会的构成、职责、权利，以及相应的活动机制。《学科主管行政工作职责》《学科组长管理工作职责》《课程负责人工作职责》划分各管理层级的权责边界。《课程实施纲要》《校本课程立项申报评审书》《学科课程年度教学计划》等构成体系化的过程管理工具。

绩效管理的难点在于科学考评。评价工具的设计要与权责划分相适应，依"责"问"效"。评价指标的设计要注意上下沟通，保持适度的弹性。评价方式可采用定量测评与定性评价相结合的方式，既用数据说话，也重视过程表现。考评结果的运用宜淡化竞争而突出激励，形成正面导向。

四、规划课程评价

课程评价是学校课程规划的有机组成部分，它对学校课程发展起着重要的导向、监控和诊断作用，是实现有效教学的重要环节。学生、教师和课程自身都是学校课程规划的评价对象，评价主体由学校、教师、学生、家长以及专家学者共同构成。

学生学习评价关键指标包括学业成就、能力发展、过程表现和情感成长四个方面。学业成就评价要注重发挥评价的诊断功能，通过基于课程标准或课程纲要的形成性评价客观检测学生在学科知识与技能方面的发展状况，帮助学生发现问题，改进学习。能力发展评价要注重发挥评价的促进功能，改进评价标准和内容，科学评断学生综合能力的发展水平，促进学生在关注学业成就的同时，重视综合能力和学科核心素养的发展。过程表现评价要注重发挥评价的导向功能，改进评价方式和手段，探索纸笔测试之外的其他评价方式，推广建立学生成长记录，有效采集并充分利用评价信息，增强质性评价的有效性。情感成长评价要注重发挥评价的激励功能，改进评价结果呈现和使用方式，防范评价负功能的影响。探索学生情感成长的评价标准、内容和方法，促进学生情感健康发展。

对教师的评价可分为教师课堂教学评价和教师年度课程评价两个层面，前者着重以课堂教学表现评价教师课程理解与实施能力，后者着重考察本学年度中考察对象在执行课程制度、计划和落实课程任务方面的综合表现。

教师课堂教学评价的关键指标包括六个方面。一是目标设定的适切性：课堂教学目标与课程标准或课程纲要相符；目标表述可观察、可测量、可操作；聚焦重点，突出难点；师生明确教学目标。二是学情判断的精准性：知识起点定位准确，新旧联系梳理准确，认知能力判断准确，情感规律把握准确。三是环节设计的科学性：环节预设完整，环节过渡顺畅，时间分配合理，善于利用生成。四是过程实施的启发性：创设情境利于激趣，设疑问利于启智，关注自主合作学习，鼓励求异创新思维。五是方法手段的创新性：教学资源视野开阔，积极探索学科融合，活动设计丰富多样，技术应用适时适量。六是教学结果的有效性：教学目标达成度高，预设行为表现度高，学生反馈满意度高，教师自我认同度高。

教师年度课程评价关键指标也包括六个方面。一是遵守师德规范：对教师年度履行教书育人职责、遵守师德规范方面的现实表现进行自评和他评。二是落实课程目标：对教师全面、准确执行课程标准或课程纲要，达成课程目标的工作成效进行自评和他评。三是执行课程计划：对教师完成课程计划所规定的各项教学任务，达到各项任务进度标准、质量标准的现实情况进行自评和他评。四是参与课程研究：对教师参与课程相关教研活动、科研活动的表现，以及取得的研究成果进行自评和他评。五是助力课程发展：对教师推进所任课程的校本化开发，或者参与校本课程开发等方面的表现和成效进行自评和他评。六是提升课程质量：对教师所任课程的综合成效进行自评和他评。

对学校开发的校本课程进行课程绩效评价，关键指标有六项。一是课程价值定位：充分体现并有效服务于国家课程意志、学校发展理念与学生培养目标。二是课程目标聚焦：符合教育教学规律和儿童成长规律，清晰表述，聚焦关键。三是课程内容设计：科学性、系统性和典型性达到基本要求，与课程目标具有统一性。四是课程形式安排：基于现实条件，易于操作实施，利于学生参与，善于改革创新。五是课程实施管理：保障实施条件，明确实施要求，强化过程监控，落实管理权责。六是课程效果反馈：目标达成度高，学生满意度高，教师认同度高，综合成果丰富，社会反映良好。

五、规划课程资源

课程资源是制约学校课程规划的前提基础，也是推进学校课程规划的保障条件。课程资源包括环境、场所、场地、设备、师资、教材、教参、时间、资金、项目、机构等。同时，课程资源也分为校内资源和校外资源。科学规划课程资源，是为了不断拓展课程资源视野，优化资源配置，为学校课程规划与实施创造有利条件。

首先要保障校内课程资源的资金需求。改革学校项目资金年度预算机制，将课程资源建设资金列为优先项目。有条件的学校可试行课程资源建设项目申报竞争机制，增强预算安排的民主化和透明度。

其次要提高校内课程资源的使用绩效。要对校内课程资源实行分类、分科、分项、分人管理，设计管理制度，定期检查落实情况。制定资源应用绩效指标，定期进行绩效评估。努力降低场地、场所的闲置率，控制设施、设备的损耗率，减少时间、资金的浪费率。规范资金管理，杜绝项目资金非正常支出。

第三要拓宽校外课程资源的建设渠道。要依据课程规划，充分讨论各项课程对校外课程资源的需求，按照"充分利用公共资源，主动争取上级资源，稳妥引进有偿资源，规范管理合作资源"的思路，拓宽学校课程资源建设渠道。

第五节　智趣教育学校课程规划案例

在《中山市实验小学发展规划（2016—2019年）》中，学校提出了研制学校课程规划的发展目标。自2016年开始，学校以体育课程规划为试点，探索构建符合学校实际、体现学校特色的学科课程系统改革模式，在取得一定成功经验的基础上，学校课程发展委员会开始系统研究整体性的学校课程规划，并于2018年形成初稿，2019年修订为试行文件。

中山市实验小学课程规划（试行）

《基础教育课程改革纲要》（下称《纲要》）明确提出："改变课程管理过于集中的状况，实行国家、地方、学校三级课程管理，增强课程对地方、学校及学生的适应性"。实现《纲要》提出的课程管理改革目标，建立适合学校、师生发展的课程体系，是学校履行教育改革使命的重要表现。

智趣教育探索"启智激趣，智趣交融"的育人模式，是中山市实验小学改革与发展的主题。以学校课程规划的形式，整体设计、合理安排学校课程，实现课程结构、目标、内容、实施与评价的不断优化，是丰富智趣教育内涵、提升智趣教育质量的关键举措。

一、指导思想

以习近平新时代中国特色社会主义思想为指导，全面贯彻党的教育方针，全面推进素质教育。坚持社会主义办学方向，立德树人，培养德、智、体、美、劳全面发展的社会主义事业建设者和接班人。坚持教育为人民服务，深化改革，努力办人民满意的学校。

学校课程规划以国家和地方颁布的课程政策为依据，以学校课程建设理论成果和先进的学校成功经验为指导，以学校办学传统、现实条件和发展愿景为基础，整体规划，民主协商，稳步实施，有序推进。

二、规划目标

（一）总体目标

智趣教育理念下的学校课程规划总体目标是"课程育人、课程强师、课程兴校"。

课程育人：实施课程创新，构建富有学校特色的课程体系，提升课程的适应性，增强学生对学校课程的参与感、认同感和获得感，促进学生成长模式的转型。

课程强师：转变课程理念，提升教师在学校课程体系中的主体地位，引导教师参与课程的开发与管理，实现教师专业发展模式转型。

课程兴校：增强课程意识，提升学校管理团队的课程领导力，落实课程管理的权责，实现学校管理模式转型。

（二）具体任务

构建课程结构：构建由基础性课程、拓展性课程和选择性课程组成的总体结构。进一步增强学校课程的系统性、整合性，用课程保障学生全面发展，用课程落实培养目标。

优化课程实施：实行由课程纲要、学期计划和单元设计组成的课程实施优化策略。进一步增强教师的课程意识、目标意识，用课程促进学科教研，用课程推动教师成长。

加强课程管理：组建由学校课程委员会、学科分管行政系统、学科教研组组成的学校课程管理架构。进一步增强课程领导力，落实课程管理权责，提升课程管理绩效。

改革课程评价：探索由评价主体、评价方式、评价结果应用等方面为主的课程评价改革。进一步体现评价的导向功能、诊断功能和发展功能。

开发课程资源：优先安排资金解决学校课程资源瓶颈，积极发掘校外机构、场所和师资资源。进一步拓宽学校课程的时间、空间，提升课程的丰富性和适应性。

三、组织机构

（一）成立中山市实验小学课程规划领导小组

领导小组由校长担任组长，德育、教学、总务分管校长为副组长，成员包括相关处室和学科负责人。领导小组主要负责研制学校课程总体规划，协调课程实施所需要的各类资源，评估课程规划实施成效等。

（二）筹组中山市实验小学课程发展委员会

课程发展委员会成员包括行政人员代表、名特优和高级职称教师代表、外聘指导专家、学生家长代表、校外专业人士等。委员会主要负责讨论通过学年课程规划，确定三类课程的设置和分工，审定各门课程的纲要和学期计划，参与课程绩效考核与评价。

四、规划原则

（一）学校主体原则

学校课程规划在课程政策约束和课程理论指导下，落实学校课程管理权责。"源于学校"，课程规划以满足师生发展需求为出发点；"基于学校"，课程规划依据学校现实基础和条件；"利于学校"，课程规划提升学校发展的整体水平，课程特色促进办学特色的进一步凸显。

（二）目标导向原则

学校课程规划以课程育人、课程强师、课程兴校为目标。课程规划通过增强课程的适应性，致力于实现本校学生发展目标。课程规划通过激发课程意识、促进课程理解、增强课程能力等途径，致力于提升教师专业化水平。课程规划通过优化管理机制，增强管理效益，致力于提升学校现代化治理水平。

（三）系统整合原则

学校课程不是国家课程、地方课程和校本课程三者的简单叠加，而是三者在学校层面的充分整合。这种整合体现在课程设置、课程目标、课程内容、课程实施、课程评价、课程资源等多个维度，课程规划是实现这种整合的过程与结果。

（四）循序渐进原则

自上而下循序渐进，充分发挥民主机制，努力形成学校课程规划的统一认识；从外向内循序渐进，善于借鉴成功案例，努力增强课程规划自觉意识；由点到面循序渐进，选择学科突破和领域突破，不断积累并辐射实践经验；先易后难循序渐进，充分评估内外部条件，保持学校教育教学质量稳中求进。

五、课程结构

中山市实验小学根据课程管理层级、课程对象范围、课程实施主体的差别，把学校课程分成基础性课程、拓展性课程、选择性课程三个层次。

（一）基础性课程

基础性课程主要指国家课程和地方课程（包含地方建议学校设置的校本课程）。基础性课程是学校执行课程政策、实现培养目标的主渠道，是学校教育教学质量的保障系统，是学校课程的主体成分。

附：2019学年中山市实验小学基础性课程设置与周课时安排表

	一	二	三	四	五	六
道德与法治	2	2	2	2	2	2
语文	8	8	7	6	6	6
数学	5	5	5	5	5	5
英语			3	3	3	3
科学	1	1	2	2	2	2
信息技术			1	1	1	1
体育与健康	4	4	3	3	3	3
音乐	2	2	2	2	2	2
美术	2	2	2	2	2	2
综合实践活动	1	1	1	2	2	2
班队会	1	1	1	1	1	1
书法			1	1	1	1
合计	26	26	30	30	30	30

（二）拓展性课程

拓展性课程主要指学校开发的面向全体学生的综合型、活动类课程。拓展性课程是促进学生全面发展、体现学校课程特色的重要领域，是学校教育教学质量的增效系统，是学校课程的重要组成部分。

附：2019学年中山市实验小学拓展性课程设置与安排表

课程系列	课程名称	课程内容	课时安排	整合科目	责任部门
主题教育系列	政治品质教育	爱国主义教育、理想信念教育、社会主义核心价值观教育等	每学期8节	道德与法治、班队会等	德育处
	道德品质教育	诚实守信、文明礼貌、热爱集体、尊敬师长、关爱他人等	每学期8节		
	法治意识教育	知法、敬法、守法、护法	每学期1到2节		
	革命传统教育	革命历史、红色节日、英雄模范等	每学期1到2节		
	优秀文化教育	传统美德、传统经典、传统节日、历史人物等	每学期1到2节		
	生命安全教育	保护生命，安全成长 珍惜生命，远离毒品 尊重生命，拒绝欺凌 关爱生命，力行环保	每学期1到2节		
校园文化系列	芬芳读书节	课外阅读指导教学比赛、阅读之星评选、好书推介会、阅读分享会、作家进校园等	每学年上学期（4周）	语文、综合实践活动等	教务处
	阳光体育节	拓展运动会、体育文化、校园吉尼斯系列挑战赛、社团活动汇报展示、体育特色班成果汇报展等	每学年上学期（4周）	体育	
	缤纷艺术节	社团活动成果汇报演出、"我要上'六一'"才艺大赛、"班班都是合唱队"展评、明星大师进校园、美术作品展（绘画、书法、手工、摄影等）、艺术特色班成果汇报展等	每学年下学期（4周）	音乐、美术	
	智趣科技节	科普讲座系列、探究实验技能大赛、科普图书推广活动、校园科学小发明展评、科学家进校园等	每学年下学期（4周）	科学、信息技术等	

(续上表)

课程系列	课程名称	课程内容	课时安排	整合科目	责任部门
	和美心理节	心理游戏游园会、心理社团成果汇报、心育志愿者服务活动、心理健康测评、心理健康ABC系列讲座等	每学年上期（2周）	心理健康等	德育处
社会实践系列	研学旅行	小眼睛看大中山、小眼睛看大广东、小眼睛看大世界、小眼睛看新时代、小眼睛看新科技等	每学期1—2天	道德与法治、班队会、综合实践活动等	德育处
	志愿服务与公益活动	慈善万人行、元旦慈善嘉年华、"捡爱"行动、敬老院活动等	每学期1—2天		
	社会观察与实地体验	高新技术企业、公共文化设施、高校实训基地、法庭庭审现场等	全学段2到3次，择机安排		
八德教育系列	"八德"养成	敬师长、爱同学、忠家国、守诚信、遵礼仪、担道义、讲廉洁、勇自省	全学段8次，每次2—4课时	道德与法治、语文、综合实践活动	德育处、教务处
	"八德"仪式	敬孝茶、编悌结、筑忠墙、镌信印、习礼课、佩义章、授廉尺、折耻角	全学段8次，每次2—4课时		
仪式体验系列	开笔礼	吟诵经典、感恩师长、开笔写人、朱砂开智	一年级上学期半天	语文、班队会等	德育处、教务处及相关学科
	成长礼	吟诵经典、感恩师长、明责宣志、梦想启航	四年级下学期半天		
	毕业礼	回顾成长、感恩师长、颁授证书、文艺汇演	六年级下学期半天		

(续上表)

课程系列	课程名称	课程内容	课时安排	整合科目	责任部门
孙中山文化教育系列	孙中山文化	革命孙中山、文化孙中山、少年孙中山	全学段5次，每次2课时	道德与法治、语文、综合实践活动	德育处、教务处
	乡土中山	今日中山、未来中山			
爱校教育系列	爱校教育	我爱我校、我敬我师、我成我学、我展我志	全学段4次，每次1课时	道德与法治、语文、综合实践活动	德育处、教务处

（三）选择性课程

选择性课程主要指学校为满足学生个性发展需要而开设的社团类课程。选择性课程是培养学生兴趣、爱好和特长的主要途径，是学校教育教学质量的优化系统，是学校课程的重要补充部分。

2019学年中山市实验小学选择性课程设置与安排表（略）

（此表汇编了2019学年中山市实验小学选择性课程项目、实施学科、招生对象、课程开发与管理人、课时安排、场地安排、社团人数等。）

六、课程实施

教师是学校课程的实施主体。教师的课程意识、课程能力直接反映其专业发展水平，也直接决定课程实施的质量水平。智趣教育的课程实施，需要教师着力打好观念构建、课程开发、有效教学三个方面的基础。

（一）主动端正课程观念

"上好课，是最崇高的师德。"一门好课程由无数节"好课"构成。尊重课堂，珍惜课堂。上好当下这节课、上好执教这门课、上好从教每节课、上好学生"人生第一课"。

"启智激趣，智趣交融。"每一门课程都承载着促进学生全面发展的使命。

认知与态度、智力与情感、智慧与情趣，都是人的发展的不可分割且相互促进的两个侧面。

"教得智慧，研得幸福。"教学相长，在教学实践中积累经验，获得智慧，做智慧的教师，才能以智慧启迪智慧。知行合一，在研究中体验自身的进步和成功，享受成长的幸福，才能用幸福传播幸福。

（二）增强课程开发能力

国家课程的校本开发。教师作为国家课程的执行者，应遵守课程政策，遵循教育规律，遵从课程标准，同时，要依据学校培养目标、学生发展需求和自身专业水平，审慎调整课程目标和内容，积极改革教学方式和手段，以增强学校课程的适应性和有效性。

校本课程的规范开发。教师同时也是校本课程的开发者、研究者和管理者。要在开发校本课程的研究与实践中促进自身专业发展，学习基本原理，理解基本原则，掌握基本方法，形成基本技能，以提升学校课程的丰富性和选择性。

（三）提高有效教学水平

有效教学重在"研究学生"。从宏观上研究学生的身心发展特点、认知发展规律、社会适应水平；从微观上研究学生的知识储备、技能准备、兴趣点和动机源。既研究班级的整体风貌、效率均值，也研究学生的个性品质、个体差异。充分设计"最近发展区"，准确定位"最佳发展点"。

有效教学难在"轻负高效"。摒弃依靠反复巩固、机械训练提高学业质量的教学方式，提倡通过促进理解、掌握方法增强学生学习能力。不能简单地以作业种类和预设完成时间判断学业负担轻重，引导学生通过理解价值、浓厚兴趣、强化动机、改善习惯的途径提高学习效率。关注不同学生对学业负担的个体感受差异，提倡分类、分层设置学习内容和作业内容。

有效教学贵在"自我创新"。审视教学实践应该形成常态，简述教学后记需要纳入常规。自我反思是主要途径，对发现的问题要努力探寻其根源，对取得的经验要努力升华为理论。同伴互助是有效方法，要积极探索科组教研模式的转型升级，课例研讨的聚焦点要从"如何上好这节课"上升到"如何上好这类课"，理论学习的聚焦点要从"这个理论是什么"下沉到"这个理论怎样用"。

七、课程评价

课程评价是学校课程规划的有机组成部分，它对学校课程发展起着重要的导向、监控和诊断作用，是达成有效教学的关键环节。智趣教育课程评价活动中，学生、教师和课程自身都是评价对象，评价主体则由学校领导、教师、学生、家长以及专家学者共同构成。课程评价包括学生学习评价、教师教学评价和课程绩效评价三个方面。其中教师教学评价分解为课堂教学评价和年度课程评价。

（一）学生学习评价关键指标

学业成就：发挥评价的诊断功能，通过基于课程标准或课程纲要的形成性评价客观检测学生在学科知识与技能方面的发展状况，帮助学生发现问题，改进学习方法。

能力发展：发挥评价的促进功能，改进评价标准和内容，科学评断学生综合能力发展水平，促进学生在关注学业成就的同时，重视综合能力和学科核心素养的发展。

过程表现：发挥评价的导向功能，改进评价方式和手段，探索纸笔测试之外的其他评价方式，推广建立学生成长记录，有效采集并充分利用评价信息，增强质性评价的有效性。

情感成长：发挥评价的激励功能，改进评价结果呈现和使用方式，防范评价负功能的影响。探索学生情感成长的评价标准、内容和方法，促进学生情感健康发展。

（二）教师课堂教学评价关键指标

目标设定的适切性：与课程标准或课程纲要相符；可观察、可测量、可操作；聚焦重点，突出难点；师生明确教学目标。

学情判断的精准性：知识起点定位准确，新旧联系梳理准确，认知能力判断准确，情感规律把握准确。

环节设计的科学性：环节预设完整，环节过渡顺畅，时间分配合理，善于利用生成。

过程实施的启发性：创设情境利于激趣，设疑问利于启智，关注自主合作学习，鼓励求异创新思维。

方法手段的创新性：教学资源视野开阔，积极探索学科融合，活动设计丰富多样，技术应用适时适量。

教学结果的有效性：教学目标达成度高，预设行为表现度高，学生反馈满意度高，教师自我认同度高。

（三）教师年度课程评价关键指标

遵守师德规范：对教师年度履行教书育人职责、遵守师德规范方面的现实表现进行自评和他评。

落实课程目标：对教师全面、准确执行课程标准或课程纲要，达成课程目标的工作成效进行自评和他评。

执行课程计划：对教师完成课程计划所规定的各项教学任务，达到各项任务进度标准、质量标准的现实情况进行自评和他评。

参与课程研究：对教师参与课程相关教研活动、科研活动的表现，以及取得的研究成果进行自评和他评。

助力课程发展：对教师推进所任课程的校本化开发，或者参与校本课程开发等方面的表现和成效进行自评和他评。

提升课程质量：对教师所任课程的综合成效进行自评和他评。

（四）课程绩效评价关键指标

课程价值定位：充分体现并有效服务于国家课程意志、学校发展理念与学生培养目标。

课程目标聚焦：符合教育教学规律和儿童成长规律，清晰表述，聚焦关键。

课程内容设计：科学性、系统性和典型性达到基本要求，与课程目标具有统一性。

课程形式安排：基于现实条件，易于操作实施，利于学生参与，善于改革创新。

课程实施管理：保障实施条件，明确实施要求，强化过程监控，落实管理权责。

课程效果反馈：目标达成度高，学生满意度高，教师认同度高，综合成果丰富，社会反映良好。

八、课程资源

课程资源是制约学校课程规划的前提基础，也是推进学校课程规划的保障条件。课程资源包括环境、场所、场地、设备、师资、教材、教参、时间、资金、项目、机构等。同时，课程资源也分为校内资源和校外资源。智趣教育不断拓展课程资源视野，优化资源配置，为学校课程规划与实施创造有利条件。

（一）保障校内课程资源的资金需求

改革学校项目资金年度预算机制，将课程资源建设资金列为优先项目。试行课程资源建设项目申报竞争机制，增强预算安排的民主化和透明度。

附：智趣教育课程资源例表

课程资源类别	课程需求	校内资源举例	校外资源举例
环境	生命与环境教育：了解植物多样化	多品种的校园植被环境	树木园、名树园等特色公园免费开放
场所	芬芳读书节：图书馆的使用	藏书丰富的校图书馆	现代化的中山纪念图书馆与学校开展共建活动
场地	孙中山文化教育：了解孙中山革命事迹	开放的中山学堂	孙中山故居列入研学旅行基地
设备	生命安全教育：消防安全及自救知识	针对性强的消防疏散演练	市消防队进校园，现场展示各类消防设备
师资	合唱社团：赛前强化训练	不断进步的本校合唱指导老师	邀请高水平的合唱指导专家进校开展赛前指导
教材	低年级英语校本课程：规范优质的教材	完备的教材保障	引进先进学校的成熟教材产品
教参	语文：优良的参考课件、微课	丰富的图书、期刊、教参、教辅资料	人教社提供数字化课程资源共享
时间	体育："4+6"项目结构需要更多练习时间	不断优化的作息时间安排	学生家庭对课余、假期时间的合理安排，配合体育家庭作业
资金	音乐—舞蹈：社团原创作品音乐视频制作经费需求	实行优先保障课程需求的资金管理模式	市文化馆对文化创作基地的资金扶持
机构	音乐—管乐：乐器种类繁多，专项指导难度大	积极引进具有专业技能的教师	大雅乐盟与学校长期合作，输送专业指导教师
项目	数学：科组主题教研寻求突破点	鼓励申报科研课题，引领科组建设转型升级	依托市级特色精品课程建设基地项目，得到教研室具体指导

（二）提高校内课程资源的使用绩效

对校内课程资源实行分类、分科、分项、分人管理，设计管理制度，定期检查落实情况。制定资源应用绩效指标，定期进行绩效评估。努力降低场地、场所的闲置率，控制设施、设备的损耗率，减少时间、资金的浪费率。规范资金管理，杜绝项目资金非正常支出。

（三）拓宽校外课程资源的建设渠道

依据课程规划，充分讨论各项课程对校外课程资源的需求，按照"充分利用公共资源，主动争取上级资源，稳妥引进有偿资源，规范管理合作资源"的思路，拓宽学校课程资源建设渠道。

九、课程管理

课程管理是学校课程规划的安全保障和质量保障机制。智趣教育的课程管理工作主要包括层级管理、程序管理、绩效管理三个方面。

（一）层级管理，分权分责

在学校党组织领导下，学校课程发展委员会逐步成为学校课程管理的权威机构。设立学校课程发展中心，执行课程管理委员会决议，落实课程管理日常业务。

学科主管行政对本学科的基础性课程、拓展性课程和选择性课程实行全面、全程、全员管理。

学科组长在学科主管行政的指导下开展学科课程建设的日常管理工作。落实各项管理职责，反馈各类问题困难，协调沟通科内事务。

课程负责人依据科组分工，具体完成该门课程的各项业务。

（二）程序管理，建章立制

逐步建立并完善以下制度：《中山市实验小学课程规划》《中山市实验小学课程发展委员会章程》《学科主管行政工作职责》《学科组长管理工作职责》《课程负责人工作职责》。

研制成体系的过程管理工具，包括：《XX基础性课程实施纲要》《XX拓展性课程实施纲要》《XX选择性课程实施纲要》《校本课程立项申报书》《XX课程年度教学计划》《XX课程单元\章节教学设计》。

（三）绩效管理，考核考评

研制成体系的评价工具，包括《课程绩效评价表》《教师课堂教学评价表》《教师年度课程评价表》《学生综合素质发展评价表》。

第六节　智趣教育学科课程规划案例

从2016年开始，中山市实验小学积极探索国家课程校本化实施的改革途径。遵照学校课程规划的基本理论，从学习和研究体育课程标准入手，在定位课程价值、聚焦课程目标、探索改革思路、优化课程实施、整合课程资源、改革课程评价等方面深化改革，取得了一定的成果和成效。2019年，《学科核心素养背景下的学校体育课程规划》发表于《体育教学》杂志。

学科核心素养背景下的学校体育课程规划

摘要：体育学科核心素养包括运动能力、健康行为和体育品德。科学规划学校体育课程，有利于全面落实体育课程目标，发展学生的体育核心素养。广东省中山市实验小学通过规划学校体育课程，实施了定位课程价值、聚焦课程目标、探索改革思路、优化课程实施、整合课程资源、改革课程评价等改革，目前已取得了不少成效，并形成可借鉴的改革模式。

关键词：体育学科核心素养；学校课程规划；小学体育

体育学科核心素养是确定体育学科课程标准、体育学科知识体系、体育学科质量评价标准的依据和导向。为更好地落实体育课程目标，发展学生的体育核心素养，广东省中山市实验小学秉承"实验为本，整体育人"办学理念，深入开展了智趣教育改革实践，并取得了丰硕的改革成果，有效地推进了学校体育课程优质化、特色化的发展，也为其他学校的体育课程改革提供了可借鉴的模式。

一、学校体育课程规划的意义与目标

学校的体育课程既是体育文化知识传承的载体，也是实现学校体育教育目标的基本途径。目前，我国的基础教育体育课程仍存在不少问题，如学校体育教育不受重视、体育课程缺乏核心目标、体育课程理念和目标落实不一致、学校体育评价体系不完善、学校体育健康功能不够强化、学生健康行为养成不足等。因此，改革和优化学校体育课程，对于充分发挥学校体育在终身体育中的地位与作用，提高学校体育教育的质量和人才素质，全面提高学生的身心健康水平,使学生养成终身体育锻炼的习惯,达到终身受益的效果等都有着重要的意义。

中山市实验小学历来重视学生体质健康的教育,严格执行国家体育课程标准,认真开展体育课程,长期开展了"快乐体育"的课程研究,并在此基础上又开展了不少以智趣教育为理念的课堂研究,在课程改革与实践方面拥有丰厚的积淀。近年来,学校又以体育学科核心素养为改革指导,制定了以下体育课程规划的目标:

(一)优化和完善学校体育课程,重点培养学生的运动能力和健康行为,改善学生的体能体质

学生是教育教学的主体,学校体育课程改革也应以育人为最终目的。体育课程将培养学生终身体育意识和能力作为主要目标,体育学科核心素养也将运动能力、健康行为及体育品德作为主要内容,而学校历来也重视培养学生的运动技能和激发学生的运动兴趣,因此,学校的体育课程改革依然是以培养学生的运动能力,提升学生体质,培养学生养成终身运动的习惯为目标。

(二)建立健全学校体育课程多元化评价体系,推动学校体育进一步发展

传统的课程评价体系评价过于单一,着眼点主要集中于评价内容如学生技能与体能的评价、评价方式如定性评价与终结性评价,不利于激发体育教师的教学积极性,学校体育发展动力不足。学校建立了体育课程多元化评价体系,梳理学生发展评价内容与维度,细化目标,分层导向,构建目标体系。细化体育课程评价的内容和标准,完善课程评价机制。使评价方式由"单一"向"多元"转化,评价对象由"体育教学"向"体育课程"转化,评价重点由"结果"向"过程"转化,最终推动学校体育的发展。

(三)推广体育课程理念,促进家校共育

"健康第一"理念是国家对基础教育体育课程的重要导向,通过体育课程改革,能将最新、最前沿的体育课程观念传播给教师们,从而促进教师育人观念的转变,进而将学生体质健康的责任人由体育学科教师扩展到全体教师,最后拓展到所有的学生家长甚至整个社会,充分发挥体育课程实施主体的积极作用,实现"由校内到校外,由社区到社会"的空间拓展,最终实现全面育人、发展全人的目标。

二、学校体育课程规划的思路与做法

中山市实验小学在课程政策法规和课程基础理论的指导下,将体育学科核心素养、体育课程标准中所明确的育人目标、地域及校本的特色活动要求三者有机整合，并立足于学校的现实基础和发展目标，从而对学校的体育课程目标、内容、实施、评价等诸要素进行了整体设计、系统实践、协同推进的课程改革探索。

（一）定位课程价值

学科育人价值是学校教育育人价值的基础性构成。学科是最基础、有组织、浓缩的人类文化精华。体育学科的育人价值集中体现在体育学科的核心素养上，2017版的《体育与健康课程标准》中指出，体育学科核心素养主要包括运动能力、健康行为和体育品德。它是学生通过学科学习而逐步形成的正确价值观念、必备品格与关键能力。而定位课程价值，不仅要全面理解体育课程的属性和价值，还要通过与其他课程进行横向比较研究。它不但具备其他学科课程难以涉及、无法实现的价值，如促进身心健康、掌握运动技能等；还具备其他学科虽有涉及，但却无法比拟、独占优势的价值，如锤炼意志品质、体验合作交往等。这些不可替代和功能特殊的育人价值，决定了体育课程在整个学校课程体系中具有举足轻重的意义和地位。

（二）聚焦课程目标

体育课程是以身体练习为主要手段，以学习体育与健康知识、技能和方法为主要内容，以增进学生健康、培养学生终身体育意识和能力为主要目标的课程。具体包括运动参与、运动技能、身体健康、心理健康和社会适应4个方面。其中，体育技能不但是体育课程学习的重要内容，也是实现其他学习方面目标的主要途径。

因此，中山市实验小学在整体规划学校体育课程的实践中，把运动技能定为课程目标的核心，并有效聚合了各个领域的改革方向，如优化课程内容，突出运动技能项目的具体化；优化课程实施，强调运动技能教学的有效性；规范课程评价，增强运动技能检测的科学性；开发课程资源，适应运动技能选择的多样性。同时，在设计运动技能项目及具体教学目标时，学校的课程改革还充分体现了体育课程的基础性和综合性，防止出现传统体育课程存在的"片面强调技能教学""过分关注优势群体"等问题。

（三）创新课程内容

体育与健康课程强调在保证国家课程基本要求的前提下，充分关注不同地区、学校和学生之间的差异，各地区和学校要根据体育与健康课程目标及课程内容，因地制宜，合理选择和设计课程内容，有效运用教学方法和评价手段，努力使每一位学生都能接受基本的体育与健康教育，促进学生不断进步和发展。教育部在全国义务教育阶段学校实施的"体育、艺术2+1项目"一文中也明确要求每个学生至少学习掌握两项体育运动技能。

为有效地落实这些要求，学校的体育课程内容设计思路如下：一是选择群众基础广、适宜集体教学、有利于发展为终身爱好的项目作为必修项目，并满足大部分学生习得运动技能的需求；二是引进适合小学生身心特点、课外学习易于推广、未来发展空间较大的项目作为选修项目，并满足学生习得运动技能的个性化、差异化需求。

中山市实验小学整合现有的场地、设施和师资等，设计了"4+6"体育课程项目结构：把游泳、足球、篮球和羽毛球列为必修项目，纳入学校的基础性课程管理体系。学生全员学习、配置专业教师、安排教学课时、明确质量标准、保障教学条件。把攀岩、轮滑、射箭、击剑、体操、乒乓球列为选修项目，纳入学校的选择性课程管理体系。师生双向选择、聘用业余教练、开设兴趣社团、组建竞赛团队、完善场地器材等。通过教师与学生的互动、学校与家长的沟通合作，鼓励学生从"4+6"体育课程项目中选择适合自己兴趣爱好和学习条件的项目，并逐步发展为学生自己的体育技能特长。

（四）优化课程实施

课程实施的主体是学科教师，主渠道是课堂教学。学校体育课程的目标聚焦和内容整合，对体育教师及其课堂教学也提出了新要求。首先，体育教师应具备较高水平的运动技能，以保障技能教学的科学性、系统性。其次，体育教师要掌握课堂教学的基本规律，以保障课堂教学成果面向全体学生并落实综合性的教学目标。第三，体育教师还应主动转换角色，使自己成为"课程开发者""项目管理者"，以适应课内与课外结合、普及与提高结合的课程改革要求。

中山市实验小学盘活体育教师资源，定向培养、积极引进，实现了4个必修项目的教学任务全部由专业背景相符的教师承担；6个选修项目的教学任务，全部有校外合作团队支持。同时，学校还依托广东省小学体育名教师杨建民的工作室，深入开展了课堂教学研究，长期坚持全员培训，探索提高学生基本运动能力和发展体能素质的教学模式，在"课课练""游戏教学""身体素质训练要点"等方面引导体育教师增强教学能力。此外，学校还组织体育教师们开展了相关课题研究，旨在提升体育教师的科研能力，从而优化体育课程实施，推动体育学科课程的改革。

（五）整合课程资源

相比学校其他课程，体育学科有更高的课程资源要求，如人力、设施与器材、内容、时间等方面的困难，常常成为制约学校体育课程发展的不利因素。

针对这些常见的困境，中山市实验小学结合本校实际情况进行了以下整合。

在时间资源整合方面，学校提出了"阳光课间课程化"的思路，即统筹安排每天的体育大课间，根据不同年级必修项目的学习进度，形成"课内学习技能、大课间练习技能"的模式，提高了体育大课间的教学有效性。同时，每次大课间体育运动时间接近半小时，相当于一节普通的体育必修课程，达到了每周"3+5"的体育课时量，在实际教学过程中增加了体育教学时间。

在人力资源整合方面，学校提出了"校本项目专业化"的思路，即必修项目"专业教师执教＋集中时段学习"：一名专业教师负责全年级某个专项技能的教学，反复教学实践能提高教学水平；一个技能项目保障每周至少一节体育课，增加教学频数能加深技能掌握程度，形成了"一师多班、一班多师"的师资配置模式。

（六）改革课程评价

课程评价对课程发展具有导向规范、诊断鉴定及激励改进等方面的价值。课程评价应该根据课程目标合理选择评价内容。因此，体育课程评价需要体现评价内容、形式、标准和主体的多元化，充分发挥评价的诊断、反馈、激励与发展功能。

中山市实验小学开展了多种形式的体育课程评价改革探索。如：与高校开展相关项目的合作研究，探索运用信息技术手段客观评价学生体质、体能发展水平，并尝试为每位学生提供发展性评价报告。必修项目完成集中学习时段教学任务时，邀请全体家长观摩，汇报测试过程，为成绩达标学生颁发合格证书。通过课题推动课程评价的改革，如省级立项课题"小学体育家庭作业设计与实施研究"，邀请家长参与体育课程过程性评价。开展"校园吉尼斯挑战赛""足球单项技能争霸赛"、连续开展23届的"拓展运动会"等活动，为学生搭建展示运动技能的平台。创建体育特色班级，开展体育文化作品汇展（设计类、宣传类、表演类）等项目，给学生提供层次丰富、项目多元的参与机会，并扩展学生对体育的认识和理解。

三、学校体育课程规划的成效与反思

（一）课程理念深入人心

整体规划、课题引导、家校联动、统筹协调，通过近三年来《基于学科核心素养的学校体育课程规划》的研究与实践，学校体育工作的总体氛围发生了明显的变化，健康第一、快乐成长的课程理念深入人心，形成了良性循环的发展局面。

（二）课程结构渐具雏形

基础性、拓展性、选择性三个层次的课程类别，必修、选修和个人自选三种类型的项目设置，专项课、常规课、社团课三种形态的教学方式，有机组成了学校体育课程规划的总体课程结构，促进了管理的精细化，提高了教学的有效性。

（三）体质体能稳步提升

增加参与机会、增强运动兴趣、优化课堂模式、强化技能教学，推动体育课程目标全面落实，改革成效直观反映为学生体质、体能水平的整体提升。

（四）改革经验跨界示范

《基于学科核心素养的学校体育课程规划》是中山市实验小学全面深化改革课程建设的先导性、示范性项目，本项研究所获得的经验和模式，已经开始被艺术课程、德育课程等跨学科学习和借鉴，开辟了新的基础教育课程改革领域。

（五）理智反思再启征程

目前，课题研究和工作推进取得了阶段性的成果和经验，但也浮现出一些亟待研究和解决的问题：校本项目课程目标与教学计划的精确性、科学性还需进一步提高；课堂教学有效性研究任重道远，提高单位教学时间的质量还需进一步突破；协调各方资源，形成较为稳定的和可持续发展的机制还需进一步探索。

中山市实验小学结合本校特色、体育课程标准和体育学科核心素养，制定并实施了适合本校的体育课程改革，并且已取得了一些成效。当然，体育学科课程改革是一项长期而艰巨的任务，本课程改革也将继续推进、优化，从而进一步推动基础教育体育学科的可持续发展。

第七节 案例反思

2019年，中山市实验小学系统总结了近年来在学校课程规划与实施方面的做法经验，形成"智趣教育理念下学校课程规划的研究与实践"课题成果，获中山市基础教育教学成果二等奖。

一、总体评价

"智趣教育理念下学校课程规划的研究与实践"以现代学校管理理念、课程与教学基础理论为指导，把学校课程建设视为学校发展的核心竞争力，视为落实学校发展规划的重点领域，视为实现学校培养目标的关键途径，从课程结构、课程实施、课程评价、课程资源和课程管理等进行整体规划、系统改革，构建了符合政策法规、体现学校实际、促进学校与师生发展的学校课程体系，并通过深入的改革实践，积累了关于课程开发与实施、有效教学的经验成果。学校课程规划成为一种强有力的纽带，有效地将学校办学理念、发展规划、培养目标、教师成长、学生发展等结合在一起，形成推动学校进步与发展的整合力量。

二、主要经验

（一）深化了对学校课程规划重要意义的认识

学校课程规划的一般意义主要体现在：①是新一轮课程改革赋予学校的课程管理权，是学校主体责任的新成分。②可以增强课程的适应性，让学校、教师、学生得到更好的发展。③可以发挥学校的传统与优势，有利于形成办学特色。

事实上，学校课程规划在落实教育方针和培养目标方面，还有着特殊的意义与功能。

国家教育意志首先体现在教育方针和培养目标上，它对教育要培养的未来公民应具备的共同素质进行描述，是全面而整体的。但是，进入特定的学段和学科后，培养目标进行了学段、学科分解，演化为课程目标。这种分解继续通过年级、教材、单元等形式逐级下沉。客观上，培养目标的全面性、整体性会随着这种逐级下沉、逐层分解而被弱化。当教师面对具体学科的具体教学内容时，往往过分关注知识技能目标而忽视整体发展目标。

学校课程作为一个系统，各学科课程是组成该系统的要素。系统大于其要素相加之和，是因为系统包含了要素之间的相关性。分科课程现实背景下，由于缺乏对学校课程系统中要素相关性的研究，某些培养目标可能被各学科所忽视，即"大家都不管"；某些培养目标可能被多学科涉及而难以落实学科主责，即"大家都管，但都不管到底"。

学校课程规划从整体上审视学校课程结构对培养目标的支撑关系，并进行必要的整合与补充，是对教育方针与培养目标全面性与整体性的一种回归，可以有效弥补上述的弱化影响。通过整体的课程规划，可以增强教师的课程意识，引导教师从课程层面理解学生的全面发展，从而更全面地理解任教学科课程目标，指导单元和课时目标能更准确定位。学校对各类课程的课程目标进行平行检视，对各门课程的目标进行对照分析后，更容易聚焦各学科核心素养发展目标，更容易凸显各学科的核心价值，有利于实现跨学科的课程整合。

（二）确立了学校课程规划的一般原则和基本要素

学校课程规划必须在课程政策约束和课程理论指导下有序开展，同时还要遵循若干原则，包括：①学校主体原则：源于学校，基于学校，利于学校。②目标导向原则：确立"课程育人，课程强师，课程兴校"的规划实施目标。③系统整合原则：促进国家课程、地方课程和校本课程在课程管理各个环节的整合，进而探索学科融合的有效途径。④循序渐进原则：自上而下、从内向外、由点到面、先易后难，克服行政专断、急功近利、脱离现实、简单冒进的倾向。

学校课程规划的基本要素应包括课程结构、课程实施、课程评价、课程资源和课程管理等。每个要素的改革举措都应符合学校发展目标，体现学校办学理念，关照师生成长需求。5个基本要素应该做到目标相互印证，内容相互配合，措施相互支撑，形成自治系统。

（三）研制了《中山市实验小学课程规划》

学校起草完成了《中山市实验小学课程规划》文本。该文本由指导思想、规划目标、组织机构、规划原则、课程结构、课程实施、课程评价、课程资源、课程管理等9个部分组成，全面、系统地构筑了中山市实验小学的课程建设整体框架。

《中山市实验小学课程规划》设计的学校课程结构包括基础性课程、拓展性课程和选择性课程3个层次，分别构成学校课程的保障系统、增效系统和优化系统。

（1）基础性课程：主要指国家课程、地方课程，依据地方课程政策开设，面向全体学生，是学校课程的主体成分，是实现培养目标的主渠道。包含12门课程。

（2）拓展性课程：主要指学校开发的综合型、活动类课程，面向全体学生，是学校课程的重要组成部分，是促进学生全面发展、体现学校课程特色的重要课程领域。包含7个系列22门课程。

（3）选择性课程：主要指学校开发的社团类、兴趣类课程，双向选择，统筹安排，是学校课程的重要补充部分，是培养学生兴趣、爱好和特长的主要途径。包含9个系列66门课程。

（四）形成了学校课程规划过程与程序的实践经验

学校课程规划基于学校，要求学校提出明确的发展愿景、明确的培养目标。因此，在进行学校课程规划之前，应开展一些基础性、先导性研究工作：

（1）《中山市实验小学发展规划（2016—2019年）》：以"深化智趣教育，发展核心素养"为主题，以学生发展为核心领域，以教师队伍建设和课程教学改革为重点领域，提出了"课程育人，课程强师，课程兴校"的发展策略，审视了学校发展现实，明确了学校发展目标。

（2）《核心素养导向下"智趣教育"学生发展目标体系构建与实践》：以创新能力、合作能力为关键，以基础性课程、拓展性课程和选择性课程为结构，着力培养学生的品德素养、学习素养、艺术素养、健康素养和劳动素养，构建符合学生身心规律和年龄特点的发展目标体系。5个方面的基本素养分解为15项发展目标，并进一步按学段进行细化，从认知、情意、行为3个角度进行具体描述，运用"知道""懂""感受""领悟""能够""会""经历""参与"等行为动词来刻画学生达标程度。学生发展目标体系为课程规划建立了系统的、清晰的、直观的目标参照系统。

这些基础性、先导性研究工作有利于学校在制定和实施课程规划的过程中避免出现脱离学校实际、"为规划而规划"的问题，有利于办学理念对学校课程的广泛浸润，有利于学校课程对培养目标的全面支撑。它们是学校开展课程规划必不可少的步骤，是学校发展规划科学性、实用性的保障。

（五）开发了实施学校课程规划所需的配套制度和工具

（1）为有效实施《中山市实验小学课程规划》，学校成立相关机构如学校课程发展委员会并形成制度，如《中山市实验小学课程发展委员会章程》《学科主管行政工作职责》《学科组长管理工作职责》《课程负责人工作职责》等。

（2）伴随研究的深入，陆续开发了相应的操作保障文件，如《××拓展性课程实施纲要》《××选择性课程实施纲要》《校本课程立项申报评审书》《××课程年度教学计划》《××课程单元\章节教学设计》等。

（3）为落实《中山市实验小学课程规划》中提出的改革课程评价的要求，学校还完善、修订了现行的《学生综合素质发展评价方案》《教师课堂教学评价方案》，并创新性地开发了《教师学年课程评价方案》和《课程绩效评价方案》，进一步完善了学校课程的评价系统。

（六）开展了试点课程的实践研究并取得显著成效

1."基于学科核心素养的学校体育课程规划"

为检验《中山市实验小学课程规划》提出的"国家课程校本开发"假设是否成立，2016—2019年，学校开展了市级立项课题"基于学科核心素养的学校体育课程规划"的研究。

该课题以《中山市实验小学课程规划》提出的"课程绩效评价关键指标"为导向，按照"定位课程价值—聚焦课程目标—创新课程内容—优化课程实施—整合课程资源—改革课程评价"的研究思路，聚焦"运动技能"学科核心素养，探索了"4+6"项目结构，丰富了体育基础性课程、体育拓展性课程、体育选择性课程的课程内容。探索形成了"国家课程校本化、校本项目专业化、阳光课间课程化、体育文化活动化、课外活动社团化、课程评价科学化"的学科课程规划实践经验。

2."'小眼睛'系列研学旅行课程内容的设计与开发"

为检验《中山市实验小学课程规划》提出的"校本课程规范开发"假设是否成立，2016—2019年，学校开展了广东省教育研究院立项课题""小眼睛"系列研学旅行课程内容的设计与开发"研究。

校本课程开发需要政策依据：2016年底，教育部等11个部门联合发布《关于推进中小学生研学旅行的意见》，明确要求中小学把研学旅行纳入学校教育教学计划，与综合实践活动课程统筹考虑，促进研学旅行和学校课程有机融合。

校本课程开发需要理念引导：智趣教育提倡的"启智激趣，智趣交融"与研学旅行的基本要求不谋而合，能充分体现学校特色。

校本课程开发需要明确目标："小眼睛"系列研学旅行课程目标定位是"种下三颗种子"——热爱祖国、热爱家乡、热爱自然的情感种子；社会知识、经济知识、科技知识和人文知识的智慧种子；探究实践、动手动脑、生存生活、做人做事的能力种子。

校本课程开发需要丰富内容："小眼睛"系列研学旅行课程研发的课程内容有"小眼睛看大中山——特色小镇之旅""小眼睛看大广东——博物馆之旅""小眼睛看新科技——高新技术企业之旅""小眼睛看大时代——大湾区建设之旅"。

校本课程开发需要规范实施：中山市实验小学积累形成了完善而细致的研学旅行实施与管理经验，建立了相关的工作制度，保障研学旅行活动的规范、安全、质量。

校本课程开发需要广泛资源：学校与旅行社、家委会、各研学旅行基地等建立了良好的合作关系，不断拓宽资源渠道。

上述几个方面的做法，构成了校本课程完整而规范的开发过程，不仅保障了研学旅行课程质量不断提升，也有力证实了《中山市实验小学课程规划》的校本课程建设思路正确，措施有效。

第六章

收获：智趣教育的实践成效

第一节　智趣教育下学生的发展

一、智趣教育的德育成效

（一）明道理，核心价值立德树人

中山市实验小学把社会主义核心价值观教育融入校园文化、融入课程教学、融入各类活动，为学生"扣好人生的第一粒扣子"。建立了常态化的理想教育、爱国教育、法制教育机制，开发了革命传统教育、优秀传统文化教育、习惯养成教育的系列课程，形成了学校、家庭、社区协同共进的德育工作体系，落实"立德树人"根本任务，落实"德育为先"的办学要求。学生政治思想、道德修养和行为习惯等方面的整体表现，得到了社会各界的充分肯定。

从2016年开始，学校每学期策划组织全体学生参与的研学旅行活动，以"小眼睛看大中山""小眼睛看大广东"为主题，带领孩子们走进高新技术工厂和现代化农庄，走进博物馆、科学馆、规划馆和美术馆，走进大学、科研院所和职业技术学院的实训中心。科技与人文、自然与社会，在孩子眼前各展魅力；爱家乡、爱祖国、爱人民的信念，在孩子们的脑海里自然扎根；情感、能力、学识的种子，在孩子们的心田里悄悄萌发。2017年，学校研学旅行项目被评为教育部中小学德育优秀案例。

（二）育德性，传统文化双创发展

古训八德，"孝悌忠信，礼义廉耻"，今有新解："敬师长，爱同学，忠家国，守诚信，遵礼仪，担道义，讲廉洁，勇自省"，"八德"教育开拓道德养成新渠道，优秀传统文化创造性继承；敬孝茶、编悌结、筑忠墙、镌信印、习礼课、佩义章、授廉尺、折耻角，每一项活动都能触发真情实感、形成深刻印象、产生实物凭证、发挥长久功效，"八德"教育开发系列仪式课程，优秀传统文化创新性发展。依托"孔子学堂"，传授"读好书，写好字，做好人"的基本道理，开展"开笔礼""成长礼"活动，从"仁义礼智信，温良恭俭让"到"为天地立心，为生民立命"，中华优秀传统美德深深烙印在新一代中国人的心灵里。2016年，中山市实验小学成功举办了一场面向全市各中小学领导和老师的"经典润泽童心"专场汇报文艺演出，学校在传承文化、塑造灵魂方面的创新之举，得到了各方高度赞誉。

（三）正品行，习惯养成持之以恒

"节俭光荣"教育：注重知行合一，打造了"捡·爱行动""衣物银行""光盘行动"等教育实践品牌活动，引导学生践行绿色环保生活，杜绝铺张浪费。"井然有序"教育：强化持之以恒，从物品归置、家庭起居、社交活动到集体生活，事事都有规则，处处都有规矩，从细节中培养自律意识。"文明礼貌"教育：能从小事中悟出大道理，讲文明的人不会让别人不开心，"己所不欲，勿施于人"；懂礼貌的人总会让别人更开心，"赠人玫瑰，手有余香"。

二、智趣教育的智育成效

（一）勤积累，博观约取夯实基础

小学六年，是涉猎、积累学科基础知识，形成良好认知结构的重要阶段。2017年，中山市实验小学在创建广东省书香校园的过程中，根据对全校学生阅读现状的调查结果，提出了针对性的改进措施：①为加强课内外阅读的联系，有的老师引进了"群文阅读""主题阅读"等新的教改成果；②为引导学生合理选择阅读材料，有的教师组织学生开展"开卷未必有益"辩论会，增强辨别好书的能力；③为拓宽学生阅读的视野，科学、综合学科在校园书香节中激发了学生对自然科学的阅读兴趣；④为丰富学生的阅读形式，有的班级坚持开展"好书共读""亲子阅读"活动；⑤为提升学生阅读的质量，有的老师组织班级阅读分享会，在精心设计的阅读活动中，增强了学生阅读的能力；⑥为培育公共阅读资源意识，有的老师组织学生参观市图书馆、大学图书馆，了解图书分类，并亲身体验借阅活动……形式多样的阅读教学实践，指向同一个培养目标——勤于积累，夯实基础。

在中山市实验小学承办的各级各学科公开教学活动中，借班上课的校外老师普遍反映，学生基础扎实、知识面广、思维方式活、表达能力强、学习习惯好，师生配合顺畅，共同构建精彩课堂。

（二）悟学法，触类旁通增强能力

小学六年，是感悟、掌握、运用学习方法的重要阶段。如何让学生习得学习方法、增强学习能力，是中山市实验小学各学科教学研究的长效主题。数学科组的老师们摸索出一些规律：①借助生活经验，把生活中的常识提炼为数学的学习方法——"先把事情做对，再想办法做好"；②构建知识联系，把以往的学习方法经验移植到当前的学习活动中——"画一画看更清楚，排一排数得更准确"；③学科横向迁移，把其他学科中的有效学法应用到数学学习中——

"一遍只读通，二遍能读细，三遍才读懂"；④鼓励合作交流，从同伴的成功中寻找有效的方法——"他做得快，是因为他有好办法"；⑤重视学法总结，每节课后回顾知识，也回顾过程——"想一想，这节课（这个单元）我们收获了哪些方法？"长期坚持有效的学法训练，增强了学生触类旁通的学习能力，学有所得当然快乐，学有所悟当然聪明。

（三）敢创新，异想天开活跃思维

小学六年，还是开启智慧、发展思维能力的重要阶段。学校在基础性、拓展性和选择性科学课程的实践中，为学生提供了丰富的课程营养，促进思维、启发创新。科学课堂内不仅重视知识的学习，更重视科学精神和探究能力的培养。拓展性的活动课程延伸到科学课堂，一项项挑战任务激发学生主动学习的动力。智能机器人、3D打印等社团，为兴趣深厚的孩子搭建了探索与实践的平台；空气动力火箭、会飞的小棍、动力小车……是学生在校园科技节里最喜欢参与的项目；声控灯、眼睛会发光的夜行动物、关进笼子的小动物……STEAM课程引领学生体验跨学科学习，感受合作意义；我们的手臂、会飞的小球……计算机与多学科融合，学习成果获创客大赛奖励；手机节能充电座、防风雨伞、智能电饭锅……联系生活，学生科技创新发明成果获得专利。

三、智趣教育的体育成效

（一）爱生命，健康第一形成风气

学校定期组织实施生命教育课程，主题、内容包括："保护生命，安全成长""珍惜生命，远离毒品""尊重生命，拒绝欺凌""关爱生命，力行环保"等。实施过程中，邀请公安、消防、交警、法律、医疗、环保、教育系统的专业人士或社会服务工作人士，以专题讲座的形式，集中全校学生或部分适应年级的学生参与。各种讲座都要求内容紧扣主题，引用生动案例，注重案例分析，让学生了解法律知识，学习辨别方法，增强防范意识，掌握自护本领，遵守公共秩序。历年来，学校未发生学生违法犯罪和意外死亡事件。

课程规划指导下的学校体育工作改革，按照"课程价值再定位、课程目标再聚焦、课程内容再整合、课程形式再创新、课程资源再开发、课程评价再改革"的思路，实施"国家课程校本化、校本课程专业化、阳光课间课程化、体育活动社团化、体育文化活动化、课程评价信息化"等举措，促进学生、教师和家长对体育意义的认识水平不断提高，参与体育活动的积极性不断增强。连续举行了23届的学校拓展运动会近年来也发生了"大变脸"，项目设置从单一的田径类发展到丰富的游戏类、亲子类，竞赛场所从田径场扩展到足球场、篮球场、羽毛球和游泳池，参赛人员从仅有学生变化为学生、教师和家长同场竞技，共享运动的快乐。一些精心设计的游戏类项目不仅挑战了个人的技术和体能，也考验了团队的合作与智慧。近年来学生体质健康监测数据显示，中山市实验小学学生的体质、体能、健康、技能水平，整体呈现上升趋势，为学校体育工作改革增强了信心。

（二）会运动，技能习得受益终身

学校体育课程规划坚持以体育课程标准为指导，确保课程实施质量水平。在此基础上，充分整合时间、人力、场所、器材资源，参照教育部提出的"体育、艺术2+1项目"要求，落实运动技能学习的课程保障条件，力争让每名学生通过六年的学习，掌握2项有益于终身健康的技能。在基础性课程中，4个必修项目按"设定技能目标（个人和群体）+专业教师执教+集中时段学习+大课间辅助练习+结业检测汇报"的模式，落实校本实施目标。具体安排如下表所示：

	足球	篮球	羽毛球	游泳
时段	3-4年级	4-5年级	2(下)-3年级	2(上)年级
周课时	1/周	1/周	1/周	4/周
大课间课时	8/学期	8/学期	8/学期	4/学期
总课时	112	112	64	72
技能目标	参照教育部"体育、艺术2+1项目"标准（略）			

通过结业检测的学生，发放运动技能达标证书。将获得两项达标证书作为准予毕业的条件。允许学生根据个人身体条件选择其他体育运动项目替代必修项目条件检测。

在五年级完成必修项目教学安排之后，六年级的体育课程具备了模块教学的基础条件，试行全年级混合排课，按项目模块及学生水平编组教学，以利于其技能的提升。

（三）和心理，阳光和美善于适应

学校配置了3名专职心理健康教育教师，与10多位取得心理健康教育A、B证的教师共同组成了学校心理健康教育的课程团队。学校心理健康教育总体思路是：以团体心理健康教育为主要内容，辅之以个别辅导和个案研究；以积极的心理建设为主要目标，辅之以对有特殊需要的学生进行心理干预；以每班隔周一节心理健康教育课为主渠道，辅之以长期开展的心理社团活动；以在校学生为主要对象，辅之以家长义工团队建设，为部分有需求的家长提供咨询。学校努力开发校本心理健康教育课程，推动课堂常态化、科学化、精细化发展；定期开展"心理健康活动月"，利用拓展课程形式，传递积极信号，引导师生和家长关注儿童心理健康，正视心理问题，选择正确的方式进行评估、干预和改善。2016年，中山市实验小学被教育部评为"全国中小学心理健康教育特色学校"。

四、智趣教育的美育成效

（一）激兴趣，基础课程形成保障

以音乐、美术两个学科构成的学校艺术教育课程，是发展全体学生艺术素养，实现学校美育培养目标的主阵地。中山市实验小学配备了10名专职音乐教师、8名专职美术教师，他们综合素质高，并且专业特长优势突出，为学校美育工作提供了充足、优质的师资保障。近两年来，学校引导艺术教师不断转变课程观念，关注重点由指导各类有特长的学生参加竞赛，逐渐转变为精准落实课堂教学要求，努力提高全体学生艺术素养。学校通过申报成为中山市中小学生艺术素养测评试点单位，在市级学科教研员的指导下，系统开展课程标准、学科教材和测评标准的学习、讨论、修订，积极推动课堂教学改革，提高教学质量。

（二）养爱好，拓展课程创造资源

为了落实"体育、艺术2+1项目"要求，学校把合唱和书法列为学生的艺术技能教学的必修课。每周安排了两节短课（20分钟）作为艺术大课间，在基础课程教学之外，补充学习、练习时间。据统计，全校积极参加校内外的艺术活动、掌握1到2项艺术技能的学生达85.59%，100%的学生每年都有参加学校的艺术节展演活动。

（三）扬特长，选择课程秀出精彩

中山市实验小学艺术教育有优良的传统，21世纪初曾被评为"全国学校艺术教育工作先进学校"。除了艺术基础性课程和拓展性课程广泛普及以外，选择性课程对学生艺术素养的发展也发挥了特殊的作用。学校艺术类社团的数量占据了各学科选择性课程社团类的大部分，项目多、场所多、参与学生多、活动样式多。

每年举行一次的"缤纷艺术节"活动,成为小艺术爱好者们展才艺、秀精彩的大舞台。艺术欣赏讲座、明星大师进校园、艺术之星评选、"童心向党"班际合唱比赛、"我要上'六一'才艺秀""小眼睛看大世界"美术作品展、书法作品展、摄影作品展等形式的社团综合活动,丰富多彩。学校形成了浓厚的艺术教育氛围,各级各类艺术赛场上捷报频传。

五、智趣教育的劳动教育成效

(一)善自理,衣食住行尽己所能

劳动教育的目标与内容与时俱进,不断发展与变化,在掌握基本的劳动技能基础上,还要进一步落实培育劳动意识、理解劳动价值、珍惜劳动成果、尊重劳动人民、体验劳动创新等方面的要求。小学阶段,参与、体验式的教学活动更有利于上述课程目标的实现。学校把学会自理当作劳动教育的第一课。新生入学阶段,就要求家长配合学校训练学生:学习用品收纳自理、午休用具收取自理、早餐午餐光盘自理、晚上按时就寝自理、准时早起洗漱自理、合理安排时间自理、教室清洁卫生自理、桌椅摆放整齐自理……"多让孩子动手,大人只教不帮,照顾自己光荣,看谁劳动最棒!"

随着学生年龄增长,学校劳动教育的内容也更为丰富,要求也逐渐提高。学校配备了专门的烹饪教学场所,以班级为单位,在4~6年级期间,每个学期安排两节课,学会一道家常菜的做法,掌握一些厨房工具的使用要领,知道一些居家安全的知识,了解一点地域饮食文化。当孩子们与同伴、老师和家长分享自己的劳动成果时,幸福的心情"胜过世间所有的美味"。

(二)能助人,守望相助学会感恩

劳动教育同时也是促进儿童社会属性发展的重要途径。如在劳动过程中产生的获取帮助的需求,能勇敢求助,感恩施助者。在劳动过程中发生的合作互助的需求,能积极参与,感恩团队。在劳动过程中关心他人的需求,能主动支援,分享温暖。在劳动中肯定自我,欣赏他人。热爱劳动的人诚实可信,善于劳动的人心灵手巧。这些宝贵的品质,是孩子未来步入社会时的真实财富。智趣教育对劳动素养的全面理解,指导学校教育工作创造丰富的劳动机会,促进学生形成优良的品质。

(三)乐公益,扶贫济困担当责任

深入挖掘志愿服务活动的教育内涵,成立了"校园志愿服务活动"课题小组,开发与实施"志愿精神教育"的德育校本课程,成立亲子义工服务队、医疗辅助服务队、红领巾志愿服务队、家长义工队等，打造"志愿服务"德育品牌，形成志愿服务活动常态化。每年组织学生参与中山市慈善嘉年华义卖活动和慈善万人行，定期开展慰问孤寡老人的活动。自2012年起，学校设立"捡·爱"小屋，连续6年坚持"捡·爱"行动，小手拉大手，让家庭带动社区共同开展收集废旧物品环保行动，活动所得物资捐赠给患地中海贫血的女孩——朝晖，以资助她上学和治疗。孙中山先生倡导的"天下为公""博爱""敢为天下先"等精神，渗透在各项教育活动当中，学生获得了充分的公益体验。学校于2017年获得了市级"红十字博爱奖"。

第二节　智趣教育下教师的发展

一、严修师德，增强教育使命感

良好的职业道德素养是教师履行教育使命的先决条件。《中小学教师职业道德规范》提出"爱国守法、爱岗敬业、关爱学生、教书育人、为人师表、终身学习"等6个方面的师德规范要求，全面体现了教师所应承担的国家责任、政治责任、社会责任和教育责任。

（一）上好课，是最崇高的师德

师德规范不空虚，师德教育不空泛。中山市实验小学坚持把师德教育放在教师教育的首位，不断深化教师对师德内涵的理解，不断增强教师落实师德规范的自觉、自律。

学校组织教师学习习近平总书记的"四有好教师"寄语，提炼出"上好课是最崇高的师德"教育主题。上好当下这节课，落实细节，关注每个孩子的成长，做"有仁爱之心"的好老师；上好执教这门课，刻苦钻研，不断增强专业能力，做"有扎实学识"的好老师；上好从教每节课，持之以恒，坚守职业道德规范，做"有道德情操"的好老师；上好学生"人生第一课"，为党育人，践行立德树人使命，做"有理想信念"的好老师。

学校党组织发动了"上好课，向党员看齐"的专项活动，号召党员教师把上好课作为发挥先锋模范作用的基础阵地。在遵守教学常规上示范，全面落实教学管理要求；在精研细备上示范，争取上出高质量的公开课；在深化教学改革上示范，努力培育教育教学成果；在坚守立德树人初心上示范，做关爱学生的表率。

（二）孩子好就是班级好，老师好就是学校好

在6个方面的师德规范中，"关爱学生"是灵魂。关爱学生体现了爱国守法、爱岗敬业的职业要求，是教书育人、为人师表的直观行动，也是终身学习的目的所在。

关爱学生不仅是观念、情操，也是能力、智慧。在实际的教育教学活动中，常常会出现一些"以爱为名"行为，却为学生和家长所反对的情况。就"什么是爱""如何爱"等问题，中山市实验小学开展了有意义的讨论活动，取

得了一些共识：

"不是你不爱，而是你不会爱。"有时动机出于爱，行动却是伤害。说明教师十分有必要系统地学习"爱"的技能，培育"爱"的情怀。要多站在孩子的角度，理解孩子的感受。

"不是你没有付出爱，而是他没理解爱。"有时老师耗尽了心血，却不能得到学生的正面反馈。说明孩子感受爱、理解爱的能力是逐渐成长的，是需要不断培养的。教师要常常告诉孩子："老师这样做，就是对你的爱。"

"爱，首先是一种情绪。"爱之所以让人安全、让人温暖、让人感动，是因为爱是一种积极的、流动的情绪。加强情绪管理，才能让爱变得更真实、更深切、更富感染力。

"孩子好就是班级好，老师好就是学校好。"大多数家长都会有一种思考方式：如果自己的孩子健康成长，各方面的表现令人满意，那么孩子所在的班级肯定是很不错的。反过来，如果孩子问题多、状况频发，那么孩子所在的班级恐怕好不到哪里去。同样的思考方式，也会让家长把对班级老师的评价与对学校的看法统一起来。因此，学校总是对老师讲，学校的好口碑，要靠每位老师"挣"回来；老师的好形象，要靠每个孩子立起来。关爱学生，也得在一个个孩子身上下功夫，得在一节节好课上下功夫。

二、淬炼师能，增强事业成就感

教育教学能力是教师专业素养的核心，是履行教书育人职责的基础。一些师德问题，往往是因能力不足而导致的。教师也常常因为解决不了问题、解决不好问题而产生失败感。有效地发展教师的能力，不仅能提高学校教育教学质量水平，还能通过能力进步而增进自我认同，进而积累为强烈的事业成就感。

（一）规范、聚焦、深化、突破

中山市实验小学从抓好学科组建设，促进各学科组规范管理、聚焦专题、深化教研、突破科研，为学科教师能力的提升提供强有力的组织和制度支持。

学校建立了学科主管行政责任制。校级领导分工统筹十几个学科组管理工作，每名中层干部都承担一至两个学科组的主管任务。学科主管行政对本学科落实教学常规、教育科研管理、教师专业发展、学科活动组织等全面负责。学校鼓励学科主管行政"不说外行话，争做内行人"，通过系统学习学科教育理论、深入研读课标教材、积极参加培训学习、深度浸入学科教研等途径，提升自己的学科指导和管理能力，提升自己在学科范围内的学术领导力。努力做

"内行的课程改革者"和"专业的学科管理人"。

学校建立了学科组长工作责任制。明确了学科组长在规范教研活动方面的责任,做到学期有计划、研究有主题、发言有准备、讨论有组织、活动有组织、效果有评价。学校每学期召开一次学科组长会议,分享科组计划,总结管理成果。推荐优秀科组长,在全体教师会议上汇报交流,激活学科间的竞争与互动。

近年来,学校根据各学科组建设工作的进展,进一步提出了"科组要形成教研主题,努力发展为教育研究课题"的要求。如语文科组持续开展"整本书阅读"专题研究,相关课题获得市级立项;数学科组集中注意力研究"学科综合实践活动",开发了系列的市级精品课程;音乐科组以"艺术素质测评"和"柯达伊教学法"为研究主题,申报成为中山市"艺术素质测评试点学校""柯达伊教学法实验基地学校"。从主题到课题,聚焦课堂,深耕课程,有效提高了学科组教研活动的"科技含金量",为教师的专业成长开拓了更加广阔的空间。

(二)名特优引路,工作室领跑

中山市实验小学有6名省特级教师,涵盖语文、数学、信息技术等学科,是学科建设的核心力量,带动形成了学科优势发展的良好局面,4个学科被确定为全市精品课程建设重点学科。学校有7名国家、省、市名教师名班主任工作室主持人,不仅吸纳了一批本校青年骨干教师为入室培养对象,还充分利用工作室平台,畅通了与校外专家、名师、骨干教师的交流渠道。名特优教师德艺双馨,是学校教师队伍建设的宝贵资源。

学校努力构建"名特优引路,工作室领跑"的教师专业发展模式。"名特优"以身示范,传承薪火,"工作室"协作互动,众行致远。

从20世纪90年代以来,学校持续开展"小荷杯"青年教师基本功大赛,竞赛内容包括基本教学技能、学科基础知识、教育理论、教育科研方法、教育案例分析等,全方位提升青年教师教学素养。近年来,学校根据教师年龄结构变化情况,调整"小荷杯"竞赛制度,提出了"智趣杯"教育研究能力大赛的思路,着重培养教龄10年以上的骨干教师,重点提高教育理论学习能力,强化理论对实践的分析与判断,突出解决教育实践问题的能力。为实现"以赛代训,以赛促学"的目的,学校将进一步科学设计赛事,加大赛前培训的系统性和针对性,力图将两年一度的赛事发展为以两年为周期的教师培训与成长机制。

"小荷杯"为青年教师铺路,"智趣杯"为骨干教师搭台,有效带动青年教师、骨干教师快速成长。2020年学校被确定为"全市首批教师发展学校"。

三、涵养师风，增强职业幸福感

教风是学校教师队伍的整体形象与精神风尚的体现，是学校教师文化的外显。良好的教风，能在教师队伍中建立一套超越规则和规范的价值体系，引导教师形成正确的学生观、教师观和教学观，进而影响具体的教学行为。

（一）教得智慧，研得幸福

中山市实验小学倡导"教得智慧，研得幸福"的教风。"教"和"研"突出了新时期中小学教师专业发展的两个重要领域，即教学业务和教育科研。教师要通过增强教学业务能力获得教育智慧，通过提升教育研究水平追求人生幸福。

传统教育观念认为教师的主要任务是"传道、授业、解惑"，突出了教师对学生的单向输出，忽视了教师自身的发展需求。智趣教育认为，树立"教学相长"的观念，可以把教与学、输出与输入、发展学生与发展教师结合起来。教师要努力做到：传学生以道之时，不忘自悟教育之道；授学生以业之际，务必自强教学之业；解学生之惑，亦可自解成长之惑。一课一得，一日一悟，终将形成独具个性的教育智慧。

普通民众认为教师的幸福感主要来自"教有所成"。学生考得好，教师自然骄傲；学生没考好，教师肯定很失望；他们还认为教师的幸福感来自不断增长的薪酬待遇、不断提升的社会地位。这些看法固然没错，却未涉及根本。智趣教育鼓励教师从自我完善与价值贡献的高度感悟幸福真谛。求真，以获得对教育本质、教育规律的正确认识；向善，以修炼道德品质，形成道德行为自觉；尚美，以实现教育行动"合规律性"与"合目的性"的统一。自我完善，必然会提高自我认同水平，"成为自己心目中最好的我"才会幸福。贡献价值，必然会提升公众认同水平，"成为公众心目中最好的我"必会幸福。

教育科学研究，是教师实现自我完善、扩大价值贡献的根本途径。

（二）做小事情，想大问题

中小学教师开展教育教学研究，最大的特点是"我就在教育现场"，最突出的优势是"我就是教育现象"。敏锐捕捉教育现象中的典型事例，综合分析教育现象中的因素、要素，养成关注细节、落实细节的工作作风，培养穿透问题、跳出问题的思考能力，中小学教师的教育科研能力才能得到有效增强。

"易学者难工。"日常的教学工作看似不难，一般教师通过一定时期的努力，能够掌握教育教学工作的基本方法和基本规律。然而，一些工作细节往往成为决定工作成效好坏的关键因素，教学工作如此，班级管理亦如此。

中山市实验小学坚持开展班主任工作细节分享活动，每学年都会组织班主任研究讨论细节管理的案例，分析问题、探讨原因、寻找对策、总结规律。例如，班主任常常需要通过打电话的方式跟学生家长联系。有的老师反映，个别家长听老师"投诉"多了，接电话时有些不耐烦，甚至找个理由不接听。通过细节研究，老师们找出原因：家校沟通中的情绪问题。对此老师们也提出了一些建议，并提炼为"打电话的情绪管理指南"，概括为三条"既报忧，也报喜；不报喜，别报忧；先报喜，再报忧"，基本意思就是说，如果多次电话沟通，家长只听到孩子的种种不是，在接听电话时当然会产生不良情绪，所以老师在给学生家长打电话前，要做好一定的准备，既要反馈孩子存在的问题，也要表扬孩子的进步，以孩子的进步和对孩子的表扬营造良好的电话沟通心理环境，再提出需要配合教育的问题及方法。在积极情绪支持下，家长不仅会更理性地对话，也会更有意愿、更有信心解决问题。

实验小学要求新入职的教师都要尽快走上班主任岗位，经历至少一年的班主任工作经历，意图让新教师全面理解教育教学工作，适应学校各项管理要求，更希望新教师能及时掌握学生心理特点，掌握组织班级活动和教学活动的基本技能。

过好职初成长关，就要从小事做起，而要成长为研究型教师，必须要学会想大问题。

四、陶冶师情，增强团队归属感

德艺双馨的优秀教师，一定是有着高尚道德情操、真切教育情怀的老师，也一定是有着高雅情趣和丰富情感的老师。教师的修炼，不仅在于道德，在于能力，也包括情感。陶冶教师情感，学校的各种团队建设发挥了积极的作用。

中山市实验小学积极推广阳光团队建设，指导教师基层管理组织如年级组、学科组结合自身特点，开展有益身心的团队活动，并为他们的活动提供必要的指导与支持。年级组包含多学科教师，往往会存在"隔行如隔山"的学科偏见。学校引导老师们深刻领悟"整体育人"理念，主动突破学科壁垒，主动适应跨学科理解、学科整合与融合、综合学习等课程改革的新要求。一批"语文+数学""科学+英语""品德+艺术"的学科融合探索型课例应运而生，创客教育、STEAM课程等新的课程形态逐渐进入学校课程规划范畴。

学校团队形式丰富多样，学科组、工作室、课题组、共同体、读书会等教研团队百花竞艳，共同营造了深厚的教研氛围。若某位年轻教师争取到了参加市级教学比赛的机会，马上就会"建个群"，名优教师把方向，骨干教师定方案，青年教师打下手。一个主角上场，一群后援出力，发现问题共同商议，取得成绩一起分享。团队在活动中成长，教师在团队中成功。

严格执行校务公开制度，保证教师对学校工作享有知情权、监督权；坚持落实教代会提案制度，维护教师在工作、生活等各方面的话语权、建议权；实施校长、中层干部公开述职制度，保障教师的评价权、表决权；还成立了校级推选委员会、校级学术委员会，建立评优推选集体决议机制、科研课题校级评审机制，解决评优推选、课题申请、成果申报、职称竞评、岗位竞聘的公平性问题。民主管理机制的整体落实，共建、共治、共享理念得到充分体现，推动学校向现代学校治理发展进步。

宽松的环境能够愉悦身心、释放压力。因此，中山市实验小学为陶冶教师性情、培养教师高雅情趣、丰富教职工的业余生活，克服了校舍紧张、资金短缺的困难，建成了动静相宜的"教师活动中心"，茶艺室、瑜伽室、舞蹈室、书法室、乒乓球室……应有尽有，学校希望教职工在紧张的工作之余能够到"活动中心"小憩，为愉快的工作积蓄能量。学校教师活动中心曾荣获"全国模范职工之家"称号。

第三节　智趣教育下学校的发展

2012年，学校提出"智趣教育理念的构建与实践研究"课题，至今已近8年。8年来，智趣教育的理念认识从酝酿萌发深化为系统构建，应用范围从局部改革扩展到整体发展，功能定位从打造特色提升到办学模式。智趣教育促进学校发生整体性、深层次变革，推动学校实现发展模式的转型升级。

一、更新观念理念

（一）强化责任观念

学校是贯彻执行国家教育方针的责任主体之一，承担着坚持正确办学方向、落实教育教学任务要求、发展学生综合素质、促进教师专业成长等方面的义务。

智趣教育以教育方针为指导，以立德树人为根本任务，坚定不移地培育德、智、体、美、劳全面发展的社会主义建设者和接班人，确保办学宗旨不动摇，办学方向不偏移，全面落实学校的政治责任。

智趣教育整体规划学校发展，系统完善各项教育教学管理规章制度，增强学校德育工作实效，提高各学科教学质量，完善后勤服务保障，全面落实学校的管理责任。

智趣教育构建符合国家要求、体现学校特点的培养目标体系，通过课程建设扎实开展教育实践，形成了"三级课程为土壤，五种基本素养为根系，两个关键能力为主干，十五类发展目标为分枝，各项具体目标为果实"的育人机制，全面落实学校的管理责任。

智趣教育依靠严修师德、淬炼师能等策略，不断增强教师的政治素质、思想素质，不断提升教师的道德水平、业务水平，不断丰富教师的教育情怀、生活情趣。营造民主、平等的管理环境，打造阳光、积极的教师团队，努力建设一支师德严、师能强、师风正的教师队伍。

学校全面加强党组织建设，实现规范化、增强组织力、提升战斗力、努力形成党建促立德树人、党建促依法治校、党建促队伍建设、党建促质量提升、党建促公平和谐、党建促活动创新的工作局面。

（二）深化制度观念

依法治校是学校健康发展的基本前提。各项教育法和政策，为学校自主办学提供了保障，也给学校的改革探索划定了边界。完善的制度建设是学校走向成熟的标志之一。制度不仅是规范教育教学行为的有力武器，也是提高管理效率、保障教学质量的必备工具。

探索智趣教育的改革之路，也是中山市实验小学增强法治观念、完善制度建设之路。学校聘请了专业法律顾问，明确了需经法律顾问进行法律审查的事项，为依法治校提供最基础的保障。学校全面修订了章程，并在此基础上查找制度建设的盲点和短板，并逐步进行建设与完善。

重视制度建设的过程，涉及学校重大改革的制度如学校发展规划、学校课程规划，涉及教职工切身利益的制度如教师工作绩效评价方案等，不仅经过充分酝酿讨论，而且必须以教代会表决形式予以审议通过。

制度设计重视刚性与柔性兼容，约束与激励兼顾。教学常规管理制度不仅规定了"不可为行为"，也提出了一些建议行为，形成正面导向，引导教师自觉提高对教学常规的自我要求，同时也增强了制度对不同教师的适应性。

（三）更新发展理念

学校的发展理念涉及学校发展的意愿、发展的目标、发展的途径等方面，是推进学校提升办学水平的自我驱动与路径导航。科学的发展理念既要能够启动、推动学校发展，又能够指导学校健康、和谐地发展。

智趣教育明确了主动发展的重要意义。对于一所有60余年办学历史，且已在本地区形成了一定示范性和影响力的学校而言，不能停下或减缓发展的脚步，不能依靠上级要求、同行竞争等外力驱动发展，而应以志存高远、奋力拼搏、积极进取的意识和姿态，主动谋求、谋划学校发展。发展，是对历史、现实和未来的负责。

智趣教育选择了整体发展的战略思路。学校努力摆脱对个别项目优势、个别领域优势、少数群体优势的依赖，着重分析判断整体的发展基础与需求，采取相应的发展策略。或以扩大优势、带动其他为主，或以补齐短板、克服弱项为主，或以保持稳定、寻找机遇为主。

智趣教育采取了协同发展的实施策略。总体规划注重厘清领域、项目之间的层次结构、主次关系、急缓程度，充分考虑领域、项目之间的相互作用和相互影响，在目标设定、任务设置、资源配置等方面进行统筹协调，力图形成协同发展的格局。

（四）激活创新理念

不创新无发展。创新意味着对现有观念、制度、思路、做法的超越，从更深层次来看，体现了认识方法、思维方式和行为模式的变革。

智趣教育崇尚创新，把创新作为理念内涵的重要成分，更将其作为实践探索的重要手段。几年来，培养目标体系研究、学校发展规划研究、学校课程规划研究，无不体现了学校办学理念和实践的自我否定、自我超越。

智趣教育鼓励创新，把创新意识作为教师成长的必备素质，把创新能力作为学生发展的关键能力。从教学创新到课程创新，从活动创新到管理创新，中山市实验小学的教师充分理解智趣教育的创新特质，在创新中成长自我，在创新中发展学校。

智趣教育指导创新。向内看，从学校工作短板弱项中发掘创新点，以创新推动快速进步，甚至实现"弯道超车"。向外看，从同行改革成果和经验中寻求移植点，取他山之石以攻玉。敢于创新，学校为学科、教师的改革意愿出谋划策，引导实践。规范创新，对于需要突破现有制度的创新项目谨慎评估，力求在"法无授权不可为"与"法无禁止皆可为"之间寻找出路。

二、转变行为模式

（一）坚持系统思维

智趣教育是推进学校整体发展的办学模式改革，而学校是一个庞大而复杂，且不断发生变化的系统，因此，改革工作必须坚持系统思维。

智趣教育改革实践体现了系统的整体性。智趣教育的实施离不开整个基础教育改革、区域教育改革等更大的系统，是这些大系统中的局部。智趣教育的观念、理念和行为总体上符合这些大系统的要求，并获得它们的鼓励与支持。同时，智趣教育改革内部涉及多个子系统，合理划分、有机整合这些子系统，有利于问题的各个击破，也有利于整体改革的可持续发展。

智趣教育改革实践体现了系统的结构性。学校发展规划将10个发展领域合理地划分为1个核心领域、3个重点领域、4个基础领域、2个辅助领域，是根据各个子系统的主次关系进行总体结构化；将各领域发展目标进行内容分解、阶段分解、责任分解，是对系统的进一步结构化。

智趣教育改革实践体现了系统的立体性。虽然每个领域的发展是纵向的，由弱变强、由浅变深、由一般变特色，但各领域之间却存在既相互支撑、相互促进，又相互制约、相互影响的关系，准确分析、判断子系统间的有机联系，能为制定科学的发展规划提供依据。

智趣教育改革实践体现了系统的动态性。各个子系统之间的主次、轻重、缓急关系并非一成不变,系统关系的动态性决定了系统的动态性,也要求实施动态的系统管理。在智趣教育的实施过程中,都要求学校要及时调整发展规划和实施方案,不仅主动落实新政策的要求,还要努力让新的改革举措迅速而自然地融入学校整体工作。例如"研学旅行""新时代爱国主义教育实施纲要"等新的教育政策陆续出台。

智趣教育改革实践体现了系统的综合性。"整体大于各部分之和"是系统的综合性最简明的含义,原因是系统不仅包括构成系统的全部要素,更包括了要素之间的关系。智趣教育充分利用系统的综合性,学会"打组合拳",例如,学校推进"研学旅行"活动,不仅将其定位为学生发展领域目标,也同时在德育工作、课程建设、教育科研、家校互动等领域开发出新的目标或内容,既使一项工作得到多方的支持,也使这项工作的成果和成效在多个领域得到体现。

(二)重视中庸策略

中庸,是中国传统哲学思想的宝贵财富,它提倡待人接物保持中正平和、因时制宜、因物制宜、因事制宜、因地制宜。在智趣教育改革实践中,中庸不仅是一种思想观念,有时也表现为一些实施策略。

"过犹不及。"经过长期的实践积累,学校在信息技术教育方面形成了明显的发展优势,特别是在信息技术与学科课程整合、融合的教学创新试验方面,取得了非常突出的成绩。但也明显地出现了一些客观问题:满足了少数人的"独行速",冷落了多数人的"众行远",发展不均衡;重视了课题研究的"高精尖",忽视了成果应用的"广深效";实验室建设高端,班级应用条件落伍。学校针对这些问题,进行了及时的发展调整,力图在保持优势的前提下,着力解决存在的不足之处。

"新未必好。"各行各业都有"泡沫",教育也不例外,形形色色的新名词、新命题、新成果、新思维也会漫天飞舞。智趣教育以开放的姿态拥抱新观念,但也时刻保持警醒,不随风起舞,不"蹭热点"。"中国学生发展核心素养"研究成果公开发布后,尽管学校对此关注已久,但由于成果内容与学校实际认知相去甚远,而且争议纷纭,学校经过审慎思考,决定调整研究背景,提出"基于学生发展基本素养的培养目标体系研究"课题。事实证明,这个适时而重要的调整,将智趣教育引上了一条更加稳健的发展道路。

"特先须真。"创特色、铸品牌,几乎是所有学校的梦想和追求。投入适当资源,优先满足特色需求,无可厚非;加大宣传力度,扩大品牌社会影响,人之常情。但是，不求实际的盲目投入，终将难以为继，特色不能持续；不符实际的夸大宣传，终将难以服众，特色不被认同。类似的教训，屡见不鲜。

智趣教育主动自我端正特色观。不以个别项目的特色标榜学校整体，不以少数人的成就标榜全体发展，不以办学条件的先天优越标榜后天努力。智趣教育倡导"学得快乐，玩得聪明"的学风，希望整个校园空间都能流淌着智慧，洋溢着快乐，而不是这个学科学得快乐，那个学科却学得辛苦；这次活动玩得聪明，那次活动却玩得无聊；这些孩子被众星拱月，成功不费吹灰之力，那些孩子却被冷落忽视，逐渐丧失自尊和自信。

（三）提高组织效率

组织效率是指各级各类社会组织及其管理人员从事管理活动的产出同所消耗的人力、物力、财力等要素间的比例关系，是管理职能的具体体现。学校是一类社会组织，组织结构、运作流程、人员素质和学校文化，是影响学校组织效率的几个主要因素。

智趣教育积极借鉴扁平化管理的理念，从淡化层级管理、突出目标导向、体现权责对等、畅通信息路径等方面变革学校组织运作机制，不断提高组织效率。试行科组行政主管责任制是实现这种变革的重要手段。首先，充实了科组管理的人力，明确了责任主体。在原有的组织结构中，教务处、教科室几乎承担了管理全部学科的职责，其他部门科室不承担或不直接承担学科管理任务。改革以后，实现了每个科组至少落实一名主管行政，绝大部分行政人员都分担了一至两个学科组的管理职责。其次，压缩了信息传递路径，加快了响应速度。学科组的困难和需求，不需要通过教务处或教科室集中反馈，可以由行政主管直接报告给学校决策层，信息内容更加准确、具体，有利于决策层做出分析和判断。第三，逐步分解管理权限，有效推进权责对等。学校积极探索年度经费预算校内二次分配的工作方式，根据各学科组的规模、年度任务、教科研及培训需求等，将学校年度经费总体预算中的相关项目按一定比例进行校内二次分配，并指导各学科按经费使用计划和要求落实各项工作任务。

智趣教育强调学习型组织建设的要求，努力淡化科层权威、心理权威，积极推行道德领导、学术领导。学校把共同价值观建设视为关键性工作，通过各种方式宣传学校的办学理念，解释各类规章制度的目的和意义，说明工作事项安排的依据和理由，首先要坚定地把事情做对，然后再努力地把对的事情做好。传达文件不简单地照本宣科，注重理解文件的价值目标，分析文件的教育理论基础，从行业、职业、专业等层面引导教师对各类教育政策进行学术理解，增强执行政策的自觉性。

第七章

展望：智趣教育的未来探索

"智趣"育人
——从理念探索到课程规划

自2012年以来，中山市实验小学以智趣教育办学理念为主题，经历了智趣教育理念的缘起、萌发、论证和构建的过程，经历了智趣教育理念在实践中试行、推广、深化和发展的过程，开展了诸如"学生发展培养目标""学校发展规划""学校课程规划"等改革项目的研究与探索，教育实践行动深入、扎实，师生发展成效显著、丰富。

党的十九大以来，我国基础教育改革与发展进入中国特色社会主义新时代。在此背景下，学校发展面临新的任务、新的挑战，也迎来新的动力、新的机遇。

一、智趣教育深化发展面临的新形势

党的十九大报告坚持以人民为中心发展教育的理念，把教育摆在优先发展的战略地位，强调建设教育强国是中华民族伟大复兴的基础工程，要求全面贯彻党的教育方针，落实立德树人根本任务，发展素质教育，推进教育公平，培养德、智、体、美、劳全面发展的社会主义建设者和接班人。十九大报告为新时代中国特色社会主义教育事业的发展提供了指导，不仅将深刻影响我国基础教育的改革与发展，也必然会推动基础教育学校内部的观念更新、制度变革、管理创新和教育教学模式的转变。

（一）3个意见提出学校办学质量新要求

2017年9月，中共中央办公厅、国务院办公厅印发的《关于深化教育体制机制改革的意见》提出，坚持以人民为中心，着眼促进教育公平、提高教育质量，针对人民群众反映强烈的突出问题，集中攻坚、综合改革、重点突破，扩大改革受益面，增强人民群众获得感。

2018年1月，中共中央、国务院印发《关于全面深化新时代教师队伍建设改革的意见》，以习近平新时代中国特色社会主义思想为指引，准确对标新时代要求，紧扣教育发展和教师队伍建设的主要矛盾，从师德建设、培养培训、管理改革、教师待遇、保障措施等方面提出了一系列建设高素质教师队伍的政策举措。

2019年7月，中共中央、国务院印发《关于深化教育教学改革全面提高义务教育质量的意见》。这是第一个聚焦义务教育阶段教育教学改革的重要文件，是新时代我国深化教育教学改革、全面提高义务教育质量的纲领性文件。意见强调，坚持立德树人，着力培养担当民族复兴大任的时代新人；坚持"五育"并举，全面发展素质教育；强化课堂主阵地作用，切实提高课堂教学质量；按照"四有好老师"标准，建设高素质专业化教师队伍；深化关键领域改革，为提高教育质量创造条件；加强组织领导，开创新时代义务教育改革发展新局面。

3个意见从教育体制机制改革、教师队伍建设、提高义务教育质量等方面对学校提出了新的要求。学校要坚持以人民为中心发展教育的理念，促进教育公平，努力办人民满意的教育，不断增强人民群众获得感。学校要着力提升教师的思想政治素质，全面加强师德师风建设，努力造就一支让党和人民满意的高素质、专业化、创新型的教师队伍。学校要落实立德树人根本任务，坚持"五育"并举，全面发展素质教育，努力提高教育教学质量。

（二）2个纲要明确学校德育新时代使命

由中共中央、国务院于2019年10月印发实施的《新时代公民道德建设实施纲要》是为了加强公民道德建设、提高全社会道德水平，促进全面建成小康社会、全面建设社会主义现代化强国而制定的。纲要要求把立德树人贯穿学校教育全过程。学校要全面贯彻党的教育方针，坚持社会主义办学方向，坚持育人为本、德育为先，把思想品德作为学生核心素养纳入学业质量标准，构建德、智、体、美、劳全面培养的教育体系。要把公民道德建设的内容和要求体现到各学科教育中，体现到学科体系、教学体系、教材体系、管理体系建设中，使传授知识过程成为道德教化过程。要开展社会实践活动，强化劳动精神、劳动观念教育。要建设优良校风，用校训励志，丰富校园文化生活，营造有利于学生修身立德的良好氛围。

由中共中央、国务院于2019年11月印发实施的《新时代爱国主义教育实施纲要》是为大力弘扬爱国主义精神，把爱国主义教育贯穿国民教育和精神文明建设全过程而制定的。纲要把青少年作为爱国主义教育的重中之重，要求充分发挥课堂教学的主渠道作用，将爱国主义精神贯穿于学校教育全过程，推动爱国主义教育进课堂、进教材、进头脑。要紧紧抓住青少年阶段的"拔节孕穗期"，开好思想政治理论课，引导学生把爱国情、强国志、报国行自觉融入坚持和发展中国特色社会主义事业、建设社会主义现代化强国、实现中华民族伟大复兴的奋斗之中。要把爱国主义内容融入"党日与团日"、主题班会、班队会以及各类主题教育活动之中。

两个纲要面向全社会提出精神文明建设的总体要求，也都把学校教育尤其是学校德育工作视为最重要的阵地，对学校德育工作赋予了新的时代使命。全面落实两个纲要的各项要求，学校德育工作需要不断深化改革，加强与社会、家庭的联系，强化课程育人、活动育人、实践育人、文化育人功能。

(三)3个标准引领学校管理走向现代化

2012年2月、2013年2月、2014年8月，教育部先后印发了《小学教师专业标准（试行）》《义务教育学校校长专业标准》和《义务教育学校管理标准（试行）》，系统推进我国义务教育阶段教师专业化、校长专业化和学校管理标准化建设，是引领学校管理走向现代化的重要指导性文件。

《小学教师专业标准（试行）》建议小学要将其作为教师管理的重要依据。制定小学教师专业发展规划，注重教师职业理想与职业道德教育，增强教师育人的责任感与使命感；开展校本研修，促进教师专业发展；完善教师岗位职责和考核评价制度，健全小学教师绩效管理机制。同时建议小学教师要将此标准作为自身专业发展的基本依据。制定自我专业发展规划，爱岗敬业，增强专业发展自觉性；大胆开展教育教学实践，不断创新；积极进行自我评价，主动参加教师培训和自主研修，逐步提升专业发展水平。

《义务教育学校校长专业标准》提出"以德为先、育人为本、引领发展、能力为重、终身学习"等5个方面的基本理念，将义务教育学校校长专业标准分为6大领域：规划学校发展、营造育人文化、领导课程教学、引领教师成长、优化内部管理、调适外部环境。对校长在每个领域应具备的专业理解与认识、应掌握的专业知识与方法、应体现的专业能力与行为提出了相应的专业要求。该标准是对义务教育学校合格校长专业素质的基本要求，是制定义务教育学校校长任职资格标准、培训课程标准、考核评价标准的重要依据。

《义务教育学校管理标准（试行）》的制定，将有效促进学校提高管理水平和效益，提升教育教学质量，实现内涵发展。有利于指导学校遵循教育规律和学生身心发展规律，实施科学管理、民主管理，发挥管理的育人功能，构建和谐的校园文化，促进学生全面发展。制定标准可以回应解决学校管理"管什么"的问题，为学校依法办学、科学管理提供参考和依据，有利于地方教育部门规范学校办学行为，提高学校管理水平。制定标准符合教育领域简政放权的总体要求，是教育行政部门对学校进行监督、指导和服务的重要手段，是转变政府职能的具体体现。

二、智趣教育深化发展做出的新选择

新时代、新使命敦促学校做出新思考、新选择。践行智趣教育要系统总结前期研究和实践的成果与成效，提炼经验，反思不足，明确深化发展目标，选定重点发展领域，规划科学发展途径，实施有效发展举措。

（一）发展目标再定位：迈向现代学校管理

1. 价值引领，固本强基

现代学校管理的核心是最大限度激发每个人的积极性和创造力，实现学生、教师和学校共同发展，是共建、共治、共享的社会治理理念在学校管理中的具体体现。共同价值观是打造共建、共治、共享格局的内在驱动力。精心提炼学校价值观，努力培育师生价值观，是一项事关学校坚持正确发展方向、保持充足发展动力的固本强基工作。

中山市实验小学将进一步加强党组织建设工作，落实党组织对学校工作的全面领导。特别在办学方向、依法治校、德育工作等方面，要发挥基层党组织的战斗堡垒作用，发挥党员教师的示范引领作用，确保学校价值观符合社会主义核心价值观的总体要求，体现立德树人的根本任务，担当为国育才、为党育人的办学使命。

学校将进一步加强师德教育，将中小学教师职业道德规范的各项要求融入学校价值观。完善智趣教育理念内涵，进一步突出智趣教育在国家责任、政治责任、社会责任和教育责任上的价值追求。

2. 制度建设，规范激励

学校制度是指学校要求师生共同遵守的规章或准则，用于规范学校各领导岗位和职能部门的管理行为、教师群体或个体的教育教学行为、学生的学习与生活行为，使上述各类行为符合学校及全体成员的共同利益。

传统学校制度注重其约束功能，建立制度的出发点基于对"不可为"的行为进行约束，执行制度的基本方式是对已经发生的"不可为"行为及其责任人实施批评、责罚、惩处等。过于强调学校制度的约束功能，使制度制订权集中于学校管理层和具体执行机构，制度所涉师生、家长的合法权益不能得到有效保障、合理诉求不能得到正面回应。因此，师生、家长往往不能全面理解学校制度的价值导向、目的意义和内容要求，在执行制度时缺乏必要的自主性和自觉性。

建立现代学校制度是学校管理走向现代化的关键所在。现代学校制度崇尚民主、自由和解放，通过民主尊重人的主体性，通过自由解放人的创造性。现代学校制度在注重约束功能的同时，更重视制度的导向功能、激励功能，各项制度及其内容，不仅要明确"不可为"的内容，也要提出倡导、引导、鼓励性的内容。要保障师生、家长参与制度建设的权利，让制度充分体现利益相关方的诉求和意愿，并以此增强师生和家长对制度价值的认可、对制度内容的理解，进而增强其执行制度的自觉性。

基于智趣教育理念的现代学校制度建设，着重突出"学校章程统领、基本制度保障、行动指南引导"的改革思路。首先要系统修订现有学校章程，确保合法性、增强统领性、体现现代性，使学校章程成为学校制度建设的总纲。第二要完善基本制度体系，力求制度覆盖无盲区、制度衔接无断层、制度内容不冲突，为学校基本运作提供制度规范。第三要充实行动指南类型的制度，积极传递学校价值观，主动发出倡导性信号，有效激发师生和家长的创新活力。

3. 文化涵育，形神兼备

从制度治校到文化治校，是学校管理走向现代化的必由之路。传承、凝练学校精神文化，培育、弘扬学校行为文化，是学校文化建设与发展最重要的任务。如果把精神文化视作学校的"精、气、神"，那么行为文化就是学校的"形、风、品"，只有做到精神与气质相协调、神韵与品行相映衬、价值与行为相统一，学校文化才能实现形神兼备、内外和谐。当一所学校经过长期坚持不懈的制度建设，逐步将制度精神积淀为学校的精神文化，将制度要求升华为学校的行为文化时，那么这所学校将真正迈入成熟期。

智趣教育已经初步构建了学校精神文化表达系统，以"启智激趣，智趣交融"为核心，以"一训三风"为主要表达方式，以"求实、多思、进取、成材"为学校和师生确立了行动标尺和精练准则，"实验为本，整体育人"刻画了学校的行事风格和形象气质，"教得智慧，研得幸福"的教风和"学得快乐，玩得聪明"的学风言简意赅、形象直观，是师生发展样态的生动写照。

智趣教育文化建设的深化发展，要着重解决"内外和谐"的问题。一方面要完善精神文化建设，丰富智趣教育的精神文化内涵，突出精神文化在引领价值、凝聚思想上的特殊功能，激发进取斗志，落实教育责任。另一方面要强化行为文化建设，通过对典型人物和典型案例的宣传，让精神文化建设成果更直观地呈现于公众面前，推动学校精神文化与行为文化内在自洽、相互印证。

（二）发展重点再聚焦：建设教师发展学校

1. 师德教育，坚守课堂

学校发展以教师发展为基础，教师发展以学校发展为依托。学校致力于将学校发展与教师发展统一起来，建立学校和教师双赢的发展机制。正如素质教育坚持面向全体学生、促进学生全面发展的理念，新时期的教育，也要尊重每一位教师的发展权利，努力促进全体教师的发展；也要重视教师综合素质的全面发展，而不是单纯或片面地发展学科专业、教学技能等。教师的思想道德水平，尤其是职业道德水平，是教师综合素质的核心。加强师德教育，是建设教师发展学校的首要任务。

智趣教育深刻理解师德师风建设的重要意义，把教师职业理想、职业道德教育融入教师培养、培训和管理全过程，同时注意突出教师职业道德的行业特点，把课堂作为培育与践行师德的主阵地，坚持开展"上好课，是最崇高的师德"教育活动。上好当下这节课，落实细节，关注每个孩子的成长，做有仁爱之心的好老师；上好执教这门课，刻苦钻研，不断增强专业能力，做有扎实学识的好老师；上好从教每节课，持之以恒，坚守职业道德规范，做有道德情操的好老师；上好学生"人生第一课"，为党和国家育人，践行立德树人使命，做有理想信念的好老师。

　　学校通过"上好课，是最崇高的师德"这个教育主题，有效解决了在师德教育容易出现的主题虚而不实、内容泛而不专、形式僵而不活等问题。智趣教育的深化发展，要坚持立足课堂开展师德教育的思路，努力增强师德教育的针对性、灵活性、实效性。

　　2. 师能培育，深耕课程

　　教育部印发的《小学教师专业标准》提出，小学教师专业能力包括教育教学设计、组织与实施、激励与评价、沟通与合作、反思与发展等方面，这些能力既体现在具体的课堂教学活动中，也体现在落实课程要求的综合性、持续性的教育教学活动中，要求学校通过校本研修与培训、教师自主研修等途径，不断增强教师专业能力，提升教师专业发展水平。在现实当中，较普遍存在重视教学研究，忽视课程理解的现象，"只见树叶，不见枝干"，教师课程意识不强；也存在专注任教学科，抗拒学科整合的倾向，"只见树木，不见森林"，教师课程视野不广。

　　智趣教育引导教师将专业能力的理解范围由课堂教学扩展到学科课程、学校课程，强化教师综合把握课程价值、课程目标、课程内容的能力，鼓励教师开展跨学科合作、整合课程开展项目学习、整体理解学校课程结构等方面的学习与实践，实施了"智趣教育理念下学校课程规划的研究与实践"课题研究，形成了"课程育人、课程强师、课程兴校"的发展理念。

　　在智趣教育的深化发展阶段，学校将继续坚持以课程建设推进教师发展学校建设的思路，校本研修突出课程理论通识培训、课程整合实践方法培训、课程开发通用技术培训等方面，科组研修突出基于课程的专题教研、专项课题研讨等内容，鼓励教师在个人研修过程中关注课程范畴的理论学习。

　　3. 师训改革，贯通供需

　　校本教师培训是提升教师职业道德水平和专业能力的重要渠道。学校要完善教师培训制度，制订教师培训规划，指导教师制定专业发展计划，建立教师专业发展档案。要保障教师培训经费,合理安排培训项目和培训时间,支持教师参加必要的培训。还要引进优质的培训资源,定期开展专题培训,促进教研与培训有机结合,发挥校本研修的基础作用。

在智趣教育深化发展阶段,学校教师培训要重点解决供需矛盾问题。一方面,学校要全面了解教师对校本培训的需求,分析校本培训主题和内容对教师专业发展的配合度,在合理安排学校改革主题相关培训项目的基础上,主动根据教师需求精选校本培训专题。另一方面,学校要加强对教师的引导,帮助教师理解学校改革主题,使其对与之相关的培训有更充分的认识与理解基础,增强教师参加此类培训的主动性和积极性。

智趣教育深化发展还需要逐步建立学校知识管理平台与机制。通过信息化校园网络,推行基于网络的教师学习共同体机制,鼓励以工作室、课题组、读书会、教研组等方式开展互助式、互动式学习,并利用网络平台分享学习资料、学习收获、实践成果等。

智趣教育深化发展还将进一步重视校本培训个性化需求,积极探索针对有特殊发展需求教师的支持机制。如选派名特优教师,以访问学者的身份到高校进修,深化课题研究;选派学科骨干教师到市教研室跟岗,丰富教研教改经验,拓展研究视野;选派优秀青年教师参加全省、全市各级名教师与名班主任工作室,接受名特优教师的综合指导。学校还将引导教师积极选择基于网络的培训项目,发挥此类项目层次高、周期长、任务具体、针对性强等优势,为教师个性化发展开拓新的渠道。

参考文献

[1]赵中建．学校文化[M]．上海：华东师范大学出版社，2004．

[2]黄甫全，曾文婕．小学教育学[M]．2版．北京：高等教育出版社，2011．

[3]阮成武．小学教育概论[M]．上海：华东师范大学出版社，2011．

[4]汪霞．小学课程与教学论[M]．上海：华东师范大学出版社，2011．

[5]钟启泉，崔允漷，张华．为了中华民族的复兴　为了每位学生的发展：《基础教育课程改革纲要（试行）》解读[M]．上海：华东师范大学出版社，2001．

[6]骆玲芳，崔允漷．学校课程规划与实施[M]．上海：华东师范大学出版社，2006．

[7]杨焕章，郭湛．简明哲学原理二十四讲[M]．北京：中国人民大学出版社，2016．

[8]孙华．教育的哲学原理[M]．北京：商务印书馆，2018．

[9]崔允漷．校本课程开发：小学案例[M]．上海：华东师范大学出版社，2009．

[10]陈先达，杨耕．马克思主义哲学原理[M]．5版．北京：中国人民大学出版社，2019．

[11]楚江亭．校长如何规划学校发展[M]．北京：北京师范大学出版社，2016．

[12]单中惠，杨汉麟．西方教育学名著提要[M]．北京：中国人民大学出版社，2016．

[13]约翰·杜威．民主主义与教育[M]．王承绪译．北京：人民教育出版社，2016．

[14]褚宏启，刘传沛．校长管理智慧[M]．北京：教育科学出版社，2011．

后　记

遇见，真好！

感恩初见

不知不觉的，在中山市实验小学工作已经27年了。

27年前，中山市实验小学敞开怀抱，接纳了一位青涩稚嫩的年轻人，用温暖包容他，用智慧培植他，手把手地教导他，启发他书写自己的教育篇章。

课堂教学要求他精益求精。老校长推开门就听课，抠住课堂中一句不妥的话；前辈们坐下来聊课堂，盯紧黑板上一个用错的字。他明白，没有精确就没有教学，做老师，细节很重要。

学科竞赛给他搭建平台。鼓励他到省内外拜访名师，推荐他在国内外摘金夺银。失败不能气馁，成功不能骄傲。他感受到，接受失败才能迎来成功，做老师，坚持很重要。

教育科研给他铺设轨道。选送他到名校跟岗，努力掌握科研方法；推动他做课题研究，不断夯实理论基础。他体验到，仅凭经验无法适应未来，做老师，创新很重要。

感恩再见

16年前，中山市实验小学放开双手，推送了一位初出茅庐的管理干部，在合作办学的民办分校，经历困难磨砺，经受风雨洗礼，引导他开启自己的管理历程。

与来自五湖四海的老师们交朋友，跟各行各业的热心人打交道。永远怀揣善良，总是面带微笑，常常换位思考。他感悟到，只有真情才能换得真情，做管理，真诚很重要。

从企业精英那里学习诚信经营，输什么都不能输口碑；从教育专家那里学习学校规划，忘什么都不要忘目标。他思考出，每个岗位都有无法替代的使命，做管理，责任很重要。

费尽心血培养的骨干教师，因为身份待遇而含泪离去，调离者临行时说"学校成就了我"；含辛茹苦培植的特色项目，因为经费而忍痛放弃，合作人分手时说"学校会更好"。他相信，想学会走路，要先学会跌倒，做管理，信心很重要。

"智趣"育人
——从理念探索到课程规划

感恩重见

5年前，中山市实验小学再次敞开怀抱，迎回一位略显沧桑的老同事，用责任鞭策他，用使命淬炼他，肩并肩地与他一起奋斗，共同追逐一所学校的梦想。

一起编排大型汇演，一起策划公开演练，一起研究课程方案，一起组织研学旅行。每一项工作都凝聚了众人的力量，每一次探索都融合了大家的智慧。他知道，每一份贡献都应当被尊重和珍惜，当校长，团结很重要。

听专家教诲时努力引发共鸣，信道才能悟道；学名校经验时积极寻找亮点，差距就是目标。接受表扬时保持冷静，骄傲会封闭感官，降低智商；听取批评时保持平和，忠言能激活反思，不应逆耳。他领会到，当校长，谦虚很重要。

为国育才，学校的家国使命是培养未来的建设者；为党育人，学校的政治使命是锻炼未来接班人。学校担负着为千家万户增添幸福的社会责任，担负着为代代师生铸造梦想的教育责任。他坚持，作为校长，信念很重要。

遇见，真好

细节、坚持、创新、真诚、责任、信心、团结、谦虚、信念……是他遇见中山市实验小学及同行27年的收获，但并非专属他个人的收获。60多年来，学校一直在用她的精神感染着、用她的智慧启迪着、用她的品格化育着、用她的气质影响着每一位曾经遇见、与之同行的老师和学生。代代师生经历着这样的感染、启迪、化育和影响，使每一颗种子都有了梦想，每一朵鲜花都能够绽放，满园春色、万紫千红，反哺了她的精神，充实了她的智慧，塑造了她的品格，丰满了她的气质。遇见——春风化雨，润物无声；真好——桃李不言，下自成蹊。

细节、坚持、创新、真诚、责任、信心、团结、谦虚、信念……你很难说清楚，哪些是"智"，哪些是"趣"。每一种品格的形成，都需要以认知为基础，都需要用情感作驱动，都需要用意志来支持，都需要靠行动来实现。理性与感性、智力与情感、认知与态度、智慧与情趣等，是人的全面发展的不可分割的两个侧面，它们相互依存，相互促进。正因为如此，中山市实验小学选择了智趣教育作为自己的发展模式，"启智激趣，智趣交融"，促进对立且统一的两个方面充分、和谐发展，探索促进人的全面发展的教育途径。

在智趣教育经历了8年多的理念孕育和实践探索之后，谨以本书作为阶段性的总结，在历史传承与文化积淀中"寻根"、在哲学思考与理论学习中"问道"、在教育使命与发展责任中"聚焦"、在共同愿景与发展路径中"导航"、在课程改革与教学创新中"跋涉"、在学校进步与师生发展中"收获"、在深入反思与憧憬未来中"展望"。

  本书选用的若干案例，均系中山市实验小学智趣教育改革实践中集体智慧的结晶，案例文本基本由本人主笔。在此，对关心和指导智趣教育的领导、专家们表示衷心的感谢，对为智趣教育奉献心血和智慧的每一位师生，表示诚挚的敬意！

徐铭侃
2020年8月